U0993716

Research on the Influencing Factors and Mechanism of Service Innovation Performanc

服务创新绩效的影响因素及作用机制研究

李纲　高京燕◎著

中国经济出版社
CHINA ECONOMIC PUBLISHING HOUSE
北京

图书在版编目（CIP）数据

服务创新绩效的影响因素及作用机制研究／李纲，高京燕著．
--北京：中国经济出版社，2020.12
ISBN 978-7-5136-6000-6

Ⅰ.①服… Ⅱ.①李… ②高… Ⅲ.①企业创新—企业绩效—
研究 Ⅳ.①F273.1

中国版本图书馆 CIP 数据核字（2019）第 295628 号

责任编辑　杨　莹　郑潇伟
责任印制　巢新强
封面设计　久品轩

出版发行　中国经济出版社
印 刷 者　北京九州迅驰传媒文化有限公司
经 销 者　各地新华书店
开　　本　710mm×1000mm　1/16
印　　张　14.75
字　　数　217 千字
版　　次　2020 年 12 月第 1 版
印　　次　2020 年 12 月第 1 次
定　　价　58.00 元
广告经营许可证　京西工商广字第 8179 号

中国经济出版社 网址 www.economyph.com 社址 北京市东城区安定门外大街 58 号 邮编 100011

前言

在过去二三十年中，全球经济的发展趋势发生了巨大的变化——由传统的商品主导逐渐向以服务为中心转变。目前服务业占全球经济总量的70%以上，已然占据全球经济发展的主导地位。在中国，服务业所占比重也在不断攀升，据国家统计局2019年数据显示，服务业增加值占国内生产总值（GDP）的比重达到53.9%，已成为国民经济最重要的组成部分。在服务经济时代，传统制造企业也开始将产品和服务打包组合为“捆绑产品”，以提供完整的增值服务链，从而提高其竞争优势。服务创新不仅是服务业关注的焦点，也是制造企业摆脱价值链低端锁定、构建全新业务领域的有效途径。因此，如何推动服务创新成了企业界和学术界探讨的重点。

服务创新涉及顾客偏好、市场趋势、技术等，需要企业拥有大量的知识、资源以及能力，但这些创新资源往往不是单个企业所拥有的，而是蕴藏于企业所处的关系网络之中的。服务创新活动的实施者是员工，而员工创新行为必然会对企业的服务创新绩效产生影响。因此，本书从企业外部“关系治理视角”和企业内部“员工行为视角”，探讨了服务创新绩效的影响因素及其作用机制，构建了关系管理能力、关系学习、竞争强度与服务创新财务绩效，以及员工创新行为、创新文化、冗余资源与服务创新综合绩效两个关系模型，并利用SPSS 20.0等分析软件对研究模型和假设进行验证。

本书研究表明，关系管理能力对服务创新财务绩效有显著的正向影响；关系学习负向调节关系管理能力与企业的服务创新财务绩效间的关系；竞争强度抑制关系学习对关系管理能力与企业的服务创新财务绩效关系的负向调节作用；在服务业与制造业中，员工创新行为和服务创新综合绩效均具有积极的正向关系；在服务业中，创新文化负向调节员工创新行为与服务创新综合绩效间的关系；在制造业中，创新文化正向调节二者间的作用关系；在服务业中，冗余资源抑制创新文化在员工创新行为和服务创新财务绩效二者间的负向调节作用；在制造业中，冗余资源促进创新文化在员工创新行为与服务创新财务绩效间关系的正向调节作用。

本书研究启示企业管理者，企业在进行服务创新活动时，应保持开放的心态，利用关系管理能力构建、维护与外部组织机构的关系并从中获取创新性资源，从而不断提高自身的创新能力，提升企业的服务创新财务绩效。虽然外部关系的构建和知识获取对于企业至关重要，但企业培养相关能力时应重视新能力与现有能力的匹配性和兼容性。企业应正确认识竞争环境，准确判别危与机，抓住机遇，改善自身的不足，力求在激烈的竞争环境中实现“弯道超车”，提升竞争优势。管理者应重视员工个人层面的创新活动，为员工营造良好的创新软硬件环境和激励政策，从而激发员工的创新行为。管理者也应注意创新文化在不同组织中有着不同作用，根据所处行业性质构建不同的创新文化；重视冗余资源的作用，充分挖掘冗余资源的潜能，使其有效转化为创新资源。

在本书的写作过程中，李萌昕、原小影、李旭婧、富君、任丽娜、屈晓翩、李渊博、郭凤洁、完颜亚茹、吴政燕、陈林和田鑫在部分章节撰写、资料收集、图表整理与绘制、文字校对等方面做了大量工作，感谢他们付出的辛苦努力。同时，本书的出版得到了中国经济出版社责任编辑和有关领导的大力支持和热情帮助，在此深表谢意。另外，本书的编写还参阅了国内外许多专家在网络能力、服务创新等方面的研究成果，在此一并致谢！

本书得到了国家社会科学基金重大项目（18VSJ087）、河南省重点研发与推广专项（软科学研究）（202400410045）、河南省高等学校哲学社会科学优秀学者资助项目（2019-YXXZ-14）、河南省高校哲学社会科学创新团队（2020-CXTD-12）、河南省软科学项目（172400410353）等项目的资助，在此向全国哲学社会科学规划办公室、河南省科技厅和河南省教育厅表示诚挚的感谢。

由于作者水平有限，本书的疏漏和不妥之处在所难免，还望各位专家和学者批评指正。

目　录

第1章　绪　论

1.1　研究背景和问题的提出

1.1.1　研究背景

1. 服务经济成为世界经济发展的重要趋势

在过去的二三十年中，世界经济发展趋势发生了巨大的变化——由传统的商品主导逐渐向以服务为中心转变，“服务”成为产品增值的重要渠道，世界产业结构也开始从“工业型经济”向“服务型经济”靠拢。在服务业快速发展的同时，制造业也逐步服务化，多数制造企业传统的产品生产与销售模式已经无法满足顾客日益变化的需求，开始向新的领域聚焦，更加关注产品价值的实现，提供“服务+产品”的解决方案（姜铸和李宁，2015），将产品和服务打包组合为“捆绑产品”，以提供完整的增值服务链，从而提高自身的竞争优势。目前，服务业占全球经济总量的70%以上，占据着全球经济发展的主导地位。同样，中国服务业所占比重也在不断攀升，据国家统计局2019年数据显示，服务业增加值占国内生产总值（GDP）的比重达到53.9%，成为中国国民经济最重要的组成部分。

2. 企业服务创新是服务经济发展的核心驱动力

广义上，服务创新包括服务业和制造业在内的所有行业中所有跟服务有关联或面向服务展开的创新行为；狭义上，服务创新仅针对服务业企业中进行的创新性活动（Fitzsimmons 和 Fitzsimmons，1998）。无论是广义还是狭义的界定，服务创新都聚焦于顾客的需求，借助新的服务手段、服务内容、服务思想、服务方式等，对服务范围、服务内容和服务项目进行扩展和更新，以此来更好地向客户传递价值、满足其需求，并为企业带来可观的经济和社会效益（鲁若愚，2010）。

服务创新意味着服务行业将聚集越来越多的创新资源，孕育出越来越多的新商业模式，各国服务行业之间的竞争和合作将成为全球经济的竞争和合作的焦点（Gebauer 等，2005）。因此，服务创新不仅成为服务业关注的焦点，也是制造企业摆脱价值链低端锁定、构建全新业务领域并提供“服务+产品”的解决方案的有效途径，服务创新成为服务经济发展的核心驱动力，如何推动企业服务创新成为企业界和学术界探讨的重点。

3. 关系管理能力能够促进企业服务创新并提升财务绩效

关系管理能力是企业针对特定组织或群体之间关系进行管理的能力（邢小强和仝允桓，2006）。良好的关系管理能力有助于企业在关系网络中进行信息获取，使企业能够有效地通过与外部组织的合作交流来获取外部知识资源，不断开发新服务产品，满足顾客多样化和个性化的需求，提高服务创新的成功率（Mention，2011）。

首先，关系管理能力通过冲突管理和适应调整促进企业与合作伙伴之间的相互作用，使得双方合作更加密切，进而增强了企业与合作伙伴的信任度，形成强关系联结，有助于降低资源获取的成本。同时，服务创新所需要的知识大多是隐性知识，而隐性知识具有不可编码的特征，需要依靠强关系联结才能进行传导（Granovetter，1973；Moller 和

Halinen，1999），关系管理能力能促进企业对外部隐性知识的获取，从而促进企业服务创新。

其次，关系管理能力可以帮助企业识别外部优秀组织，并与其建立强关系联结，使企业能通过这些组织构建更广泛的关系，更容易接近新顾客或新合作伙伴，获得创新活动所需的金融资本、人力资本等操作性资源（韦春北，2010）。根据服务主导逻辑（Vargo 和 Lusch，2004），企业开发创新服务的能力取决于其操作性资源，关系管理能力通过促进企业操作性资源的获取，并将这些资源用于服务创新，进而维持和开拓市场份额，促进企业服务创新并提升财务绩效。

最后，关系管理能力能促进企业与顾客之间形成良好关系，通过与顾客的良性互动能帮助企业直接获取第一手的市场信息（Battor，2010）。同时，协调、调整和优化客户关系的过程本身就是企业不断丰富服务创新实践的过程，更是向客户推广服务创新成果的过程，有助于企业实现盈利目标、吸引新客户，促进企业服务创新并提升财务绩效。

4. 关系管理能力的作用发挥会受到关系学习和竞争环境的影响

关系学习作为特殊的组织间学习，通过合作伙伴双方信息分享，将其共同理解并集成到共享关系与特定的记忆中（Selnes 和 Sallis，2003；宋春华等，2017）。通过关系学习，企业能更流畅地获取外部信息和知识等资源，维护并加强合作双方的联结。以往研究表明，关系学习能影响企业从外部获取信息的效率和质量，是企业之间在相同的信息源下产生绩效差异的重要因素。徐云莲（2007）认为绩效是市场对企业经营策略（一种行为）的反应，而学习的最直接后果应该是改变企业的行为或者潜能。因此，关系学习在一定程度上改变关系管理能力的作用，从而影响了企业服务创新及其财务绩效。

许多研究证实，竞争强度可以调节企业能力和企业行为，并对企业绩效产生重要影响。竞争强度体现了企业所处外部竞争环境的激烈程度。以往研究表明，机会与竞争并存，外部竞争环境为企业创新提供持续动力，因此，竞争强度被学者们视为创新的重要情景变量。也有学者提出，竞争强度增加了企业面临未能从特定创新中获益的风险（Tang，2006），如创新失败以及创新产品被竞争对手迅速模仿等。所以，面对不同的竞争强度，企业关系管理能力对服务创新及其财务绩效的影响可能存在差别。

5. 员工是企业服务创新实践的关键实施者

员工是企业服务创新实践的关键实施者，是企业服务创新思想产生的源头，员工创新行为能够促进企业服务创新并提升其综合绩效。员工创新行为是指员工把有助于创新的构想具体实施到组织任一层面的个体行动（Kleysen 和 Street，2001）。员工作为顾客同企业沟通的桥梁，能够最直接地指出组织现存的问题，通过采取一系列的创新行为去处理现存问题才能最终使客户体验到新的服务。员工个体的创新行为不仅能提升产品的价值，还能将产品价值产生过程中的服务活动拓展到产品以外，同时结合客户不断变化的需求，深入客户的业务领域，给予他们相应的需求解决方案，为他们提供依附于产品的信息咨询与技术支持等，进而不断创新企业产品和依附于产品的服务，持续提升企业的服务创新综合绩效。例如，Andries 和 Czarnitzki（2014）通过对小企业创新绩效展开研究，证明了员工加入到创新实践中所产生的创新思想与对策能够显著地影响组织创新。Yoon 等（2012）的研究发现，个体的创新意识能够决定整个组织的创造性。此外，创新成分理论的相关研究证明，员工创新行为的根本动力是个体自身的创新水平，该能力的高低能够直接作用于个体的创新行为，从而影响公司整体的创新绩效。

6. 企业创新文化和冗余资源会影响员工创新行为的结果

员工创新行为的实现不仅取决于个体的努力，还需要组织的支持（郑建君等，2009）。组织文化理论指出，文化作为一种看不见的力量，会在无形中影响着组织中个体的行为方向、工作态度以及工作方式。员工是否具有实践创新行为，与他们所在的组织是否拥有包容失败以及鼓励创新的创新文化息息相关（杨晶照等，2012）。创新文化是公司内部的一套共同的价值观，可以推动公司内部创新思想、创新行为以及创新活动的产生，有利于探索新的机会，发展创新（Sattayaraksa 和 Boon-Itt，2016）。创新文化鼓励员工发挥创造力和冒险精神，并开发服务创新过程所需的新思想和新机会（Aksoy，2017）。良好的创新文化能有效地激发员工的工作积极性，提升竞争优势，最终达到提高企业绩效的目的。

此外，员工创新行为既依赖于企业创新文化，也会受到企业冗余资源的影响，企业服务创新的实施面临着许多难以预估的风险。组织冗余理论认为，冗余资源能够降低服务创新实施的风险，从而促进员工积极开发新服务、开拓新市场。冗余资源是指公司中现存的那些过量的、可以被控制以及自由使用的资源（弋亚群等，2018）。当企业拥有丰富的冗余资源时，相关管理者会更加大胆地实施服务创新战略，能够实现员工创新行为效益的最大化，从而促进企业服务创新并提升其绩效。

1.1.2　研究问题

在上述背景下，企业服务创新绩效的影响因素及其作用机制成为当前研究的热点问题之一。研究表明，企业创新活动成功的关键在于企业自身所拥有的资源以及企业能够从外部环境获取的资源（高孟立和范钧，2018），即企业的服务创新绩效会受到企业内部因素和外部因素的影响。内部因素包括企业开放性能力（Thanasopon，2016）、战略特征（Storey 等，2016）、员工创新行为（张克英等，2018）、内部社会资本（盖卫东，2019）等；外部因素包括竞争氛围（高孟立和范钧，2018）、外部知识获取（Mennens 等，2018；李纲等，2017）、网络能力（Jian

等，2017）、顾企价值共创（Li 和 Liu，2019）。在影响企业服务创新绩效的内部、外部因素中，不同的影响因素对服务创新绩效的作用效果也存在差别，一方面可能会提升企业的服务创新绩效，另一方面也可能会降低企业的服务创新绩效。回顾以往文献发现，仍有问题需要进一步研究。

1. 关系学习在关系管理能力与服务创新财务绩效之间的关系中存在怎样的调节作用

一方面，学者们证实了关系管理能力对服务创新财务绩效的直接作用。李纲等（2017）指出，关系管理能力是指企业在处理和协调外部网络关系中直接和间接与合作伙伴联系的能力，能正向影响知识获取，而知识获取正向影响服务创新绩效，因此，关系管理能力能够促进企业的服务创新绩效（Jian 等，2017）。另一方面，以往研究表明，关系学习在企业服务创新及其绩效中起到调节作用。例如，Albort-morant 等（2018）指出，关系学习能够加强吸收能力对绿色创新绩效的影响，因为关系学习能促使企业与合作伙伴建立紧密关系，使企业能够从关系网络中获取、吸收更多的异质性知识，进而提升企业创新绩效。因此，未来有必要进一步探讨，关系学习在关系管理能力与服务创新财务绩效之间的关系中，是否存在调节作用，其作用效果和机制如何？

2. 关系学习和竞争强度存在怎样的联合作用

上述分析说明了关系学习可能存在的调节作用，以往研究也揭示了竞争强度会调节内外部因素对企业创新及其财务绩效的作用。外部环境的竞争强度越高，企业正式制度资本对新产品创新程度的促进作用越强（高山行等，2018），领先搜索与产品创新绩效关系越弱且跟随搜索与产品创新绩效关系越强（奉小斌，2016），企业家社会网络的异质性和联结强度对商业模式创新的影响越强（孙永磊等，2019）。关系学习代表了企业与合作伙伴之间的共同学习活动，而竞争强度则反映了所面临的竞争环境的动荡程度。关系学习既可能存在于高竞争强度环境中，也可能存在于低竞争强度环境中，二者可以同时存在并产生联合作用。那这种联合作用对关系管理能力与企业服务创新财务绩效之间的关系存在怎样的影响？

3. 在服务业和制造业中，员工创新行为对企业服务创新综合绩效的直接作用是否存在差异

以往文献证实，员工创新行为能够直接影响企业服务创新综合绩效（卢泽旋，2015；李佳宾和汤淑琴，2017；张克英等，2018）。例如，员工在工作中或产品生产过程中通过开发、利用和实施各种新想法、新方法等一系列创新行为，有助于企业在动态的竞争环境中快速实现产品或服务创新（Yuan 和 Woodman，2010），进而提升企业的服务创新综合绩效。在不同行业，企业员工创新行为呈现出不同的特征，例如，服务业企业的员工创新行为更多地呈现出服务导向，制造业企业的员工创新行为更多地围绕技术和产品。因此，有必要进一步对比分析在服务业和制造业中，员工创新行为对企业服务创新综合绩效的影响。

4. 创新文化在员工创新行为与企业服务创新综合绩效之间的关系中起到怎样的调节作用

在服务业和制造业中，这种调节作用是否存在差异？创新文化是企业在创新及创新管理活动中所创造和形成的具有本企业特色的创新精神财富以及创新物质形态的综合，包括创新价值观、创新准则、创新制度和规范、创新物质文化环境等（宋培林，2000；刘焕荣等，2001）。以往研究表明，创新文化在企业服务创新及其综合绩效中起调节作用。例如，许婷和杨建君（2017）指出，创新文化能够加强高管创新动力对高管创新能力的影响。因为企业创新文化水平越高，高管的创新动力得到的支持程度也越高，有利于高管创新动力向高管创新能力转化，也有助于促进高管本身创新能力的高效发挥，即在高水平创新文化下，高管创新动力对高管创新能力的促进作用就会加强。因此，有必要进一步探讨，创新文化在员工创新行为与企业服务创新综合绩效之间的关系中是否存在调节作用，其作用效果和机制如何？创新文化的调节作用在服务业和制造业中是否存在差异？

5. 创新文化和冗余资源存在怎样的联合作用

这种联合作用在服务业和制造业中是否存在差异？上文分析了创新文化可能存在的调节作用；同样，以往研究也揭示了冗余资源对企业创新实践提供的资源支持作用。冗余资源反映了企业所拥有资源的宽裕程度，具有缓冲环境变化的作用（高孟立，2017）。企业的冗余资源能够在组织实施新战略或者开发新产品等一系列创新项目时给予所需的资源支持，影响个体获得创新过程所需相关资源的难易程度以及消除创新负面影响的能力，从而对企业整体创新过程产生重要影响。创新文化反映了员工创新行为的企业文化氛围，冗余资源体现了员工创新行为所能得到的资源支持程度，在不同的文化氛围和不同的资源支持下，企业员工创新行为的结果可能并不一样。因此，有必要进一步探讨创新文化和冗余资源的联合作用对员工创新行为结果的影响，并深入分析这种联合作用在服务业和制造业中是否存在显著的差异？

1.2 研究意义

本书基于网络能力、组织学习、社会交换、社会认知和服务创新的相关理论，探讨关系管理能力、员工创新行为与企业服务创新绩效之间的关系，并利用 298 家企业的问卷调查数据进行实证检验，其研究结果能够为企业服务创新提供有益的理论指导。因此，本书的研究具有十分重要的理论和实践意义。

1.2.1　理论意义

近年来，越来越多的学者开始关注服务创新绩效研究，并指出从关系管理、创新行为的视角探讨服务创新绩效的研究是一个重要方向。因此，十分有必要探讨关系管理能力、员工创新行为对服务创新绩效的作用机制。本书的理论意义在于以下两个方面。

一方面，基于网络能力、组织学习和服务创新等相关理论，构建了关系管理能力、关系学习、竞争强度和服务创新财务绩效之间相关关系的理论模型，验证关系管理能力对服务创新财务绩效的直接作用；在此基础上，将关系学习划分为信息共享、共同理解和特殊关系记忆三个维度，通过层次回归分析检验关系学习对关系管理能力与服务创新财务绩效之间关系的调节作用；同时，将竞争环境纳入研究框架，探讨关系学习和竞争强度的联合作用。这将有助于深这将有助于深化对关系管理能力与服务创新财务绩效之间关系的理解，解释关系学习在二者之间关系中的调节作用，揭示关系学习、竞争强度的联合作用，丰富现有的关于服务创新等相关理论的研究。

另一方面，基于现有社会交换、社会认知和服务创新理论，构建了员工创新行为、创新文化、冗余资源和服务创新综合绩效之间的关系模型，并基于服务业和制造业对其中的关系进行深入的对比分析，力图理清员工创新行为对服务创新综合绩效的作用机理，探讨创新文化对二者关系的调节作用，以及创新文化、冗余资源的联合作用，并进一步分析对比上述作用在服务业和制造业中的差异。从而在理论上解释在创新文化氛围、冗余资源的支持下，员工创新行为对服务创新综合绩效的作用关系，在一定程度上拓展、充实了现有研究理论，并在理论上加深了对服务业和制造业中员工创新行为对于服务创新综合绩效作用关系的认识和理解，丰富了服务创新综合绩效影响因素的相关研究，具有较强的理论意义。

1.2.2 实践意义

随着服务业在经济社会中所占比例不断提升，服务创新的重要性日益凸显。面对日趋激烈的竞争环境，企业只有采取先进的服务理念和概念，不断改进服务提供系统，完善服务提供流程，在运营管理中将服务创新作为核心，才有可能不断提高核心竞争力。在服务创新过程中，了解服务创新绩效的影响因素及作用机制，对我国企业未来发展极为重要。

一方面，本书的研究启示企业管理者在进行服务创新时，要重视网络能力尤其是企业关系管理能力的建设，并关注关系学习的作用，特别是在高竞争强度的环境中。首先，企业管理者要注重通过关系管理能力获取外部服务创新所需的关键资源，并将其用于服务创新，提升财务绩效；其次，企业管理者在培养相关能力时应重视新能力与现有能力的匹配性和兼容性，避免因能力过剩或资源过剩导致企业投入不足或效率降低，从而不利于企业进行服务创新；最后，企业管理者应正确面对竞争环境，抓住竞争环境中的机遇，并积极将竞争环境中的危险转变为机遇。当企业处于高竞争强度环境中，要综合利用各种能力，尤其是关系学习和关系管理能力，以满足企业服务创新所需的大量资源，实现服务创新。

另一方面，通过理论研究，启示企业管理者要注重员工的创新行为，重视在不同类型企业中创新文化和冗余资源的作用。首先，企业管理者要注重利用员工的创新行为进行服务创新，充分发挥员工的创造性，鼓励员工积极参与创新活动；其次，企业管理者要根据企业所处的行业类型（服务业或制造业），营造不同创新文化；最后，企业管理者要关注冗余资源和创新文化的联合效应。充足的冗余资源能够为员工创新行为提供足够的资源支持，创新文化能够激励员工积极参与创新活动，为员工创新行为营造良好的创新氛围，这些均能促进员工创新行为的发挥。

1.3 研究目的和内容

1.3.1 研究目的

（1）明确关系学习的内涵，构建关系管理能力、关系学习和服务创新财务绩效之间相关关系的理论模型，实证分析关系学习对关系管理能力与服务创新财务绩效的调节作用，揭示关系管理能力的直接作用、学习能力的调节作用的作用机制。

（2）在关系管理能力、关系学习和服务创新财务绩效的理论模型中引入竞争强度这一情景变量，探讨关系学习与竞争强度的联合作用及其作用机制。

（3）构建员工创新行为和服务创新综合绩效之间的关系模型，探讨其作用关系在制造业和服务业中的差异。

（4）解释创新文化在员工创新行为与服务创新综合绩效之间的关系中，是否存在调节作用，作用效果和机制如何？创新文化的作用在服务业和制造业中是否存在显著的差异？

（5）探讨创新文化和冗余资源的联合作用对员工创新行为结果的影响，并深入分析这种联合作用在服务业和制造业中是否存在显著的差异？

1.3.2 研究内容

本书以网络能力、组织学习、社会交换、社会认知和服务创新等理论为基础，明确界定了关系管理能力、关系学习、员工创新行为、创新文化及服务创新绩效的内涵，构建了关系管理能力、员工创新行为与服务创新绩效的关系模型并提出假设，通过大样本问卷调查，实证分析和检验研究假设，得出结论，并提出研究的不足和进一步展望。

第 1 章是绪论。首先从服务经济成为世界经济发展的重要趋势，企业服务创新是服务经济发展的核心驱动力，关系管理能力能够促进企业服务创新并提升财务绩效，关系管理能力的作用发挥会受到关系学习和竞争环境的影响，员工是企业服务创新实践的关键实施者，企业创新文化和冗余资源会影响员工创新行为的结果六个方面阐述了本书研究的背景，并由此提出了五个研究问题；其次，介绍了本书研究目的和内容，并遵循提出问题、分析问题和解决问题的思路详细阐述了研究方法和技术路线；最后，论述了本书研究的重点、难点和创新点。

第 2 章是网络能力、组织学习、社会交换和社会认知等理论基础。在网络能力理论中，首先阐述了它的内涵，并进行维度划分，最后阐释了它同创新绩效的作用关系；在组织学习理论、社会交换理论、社会认知理论的阐述中，以理论的起源和发展为出发点，梳理了以往学者们的相关研究及主要观点，最后阐述了这些理论同创新绩效的关系。

第 3 章是企业创新文化与环境的不确定性。总结了组织文化的内涵及其与创新的关系，梳理了学者们对动态环境的内涵及维度划分的相关研究，以及动态环境与创新的关系研究。

第 4 章是企业服务创新及其绩效的相关研究。回顾了以往关于服务创新的内涵和分类，以及服务创新绩效的内涵及度量，最后总结了服务创新绩效的影响因素及其作用机制。

第 5 章构建了关系管理能力、关系学习与服务创新财务绩效的关系模型。从理论上分析了关系管理能力对服务创新财务绩效的影响机制，探讨了关系学习的调节作用，以及在一定的竞争强度下关系学习的调节作用，并提出相关假设。

第 6 章构建了员工创新行为、创新文化与服务创新综合绩效的关系模型。从理论上分析了员工创新行为对服务创新综合绩效的影响机制，以及创新文化和冗余资源对服务创新综合绩效的调节作用，并提出了相关假设。

第 7 章是研究设计。首先从问卷设计与调查对象的选择、调研的基本过程、样本的检验、数据的基本特征四个方面详细说明数据收集的过程；其次从测量题项选择的基本原则、变量的测量题项及其依据两个方面介绍了变量测量与依据；最后介绍了假设检验的方法，包括因子分析、结构方程模型和多变量回归分析。

第 8 章是实证研究结果。对样本数据进行信度、效度分析和描述性统计分析，在此基础上，利用因子分析与层次回归分析验证了第 5、6 章提出的关系管理能力、关系学习与服务创新财务绩效的关系模型及其假设和员工创新行为、创新文化与服务创新综合绩效的关系模型及其假设。

第 9 章是实证结果讨论和启示。分别讨论了关系管理能力与服务创新财务绩效，以及关系学习的调节作用和竞争强度的二次调节作用，员工创新行为与服务创新综合绩效，以及创新文化的调节作用和冗余资源的二次调节作用的实证结果。

第 10 章是研究结论与展望。主要对实证检验的结果进行分析，进而说明了本书研究的不足及未来的研究方向。

各章结构如图 1-1 所示。

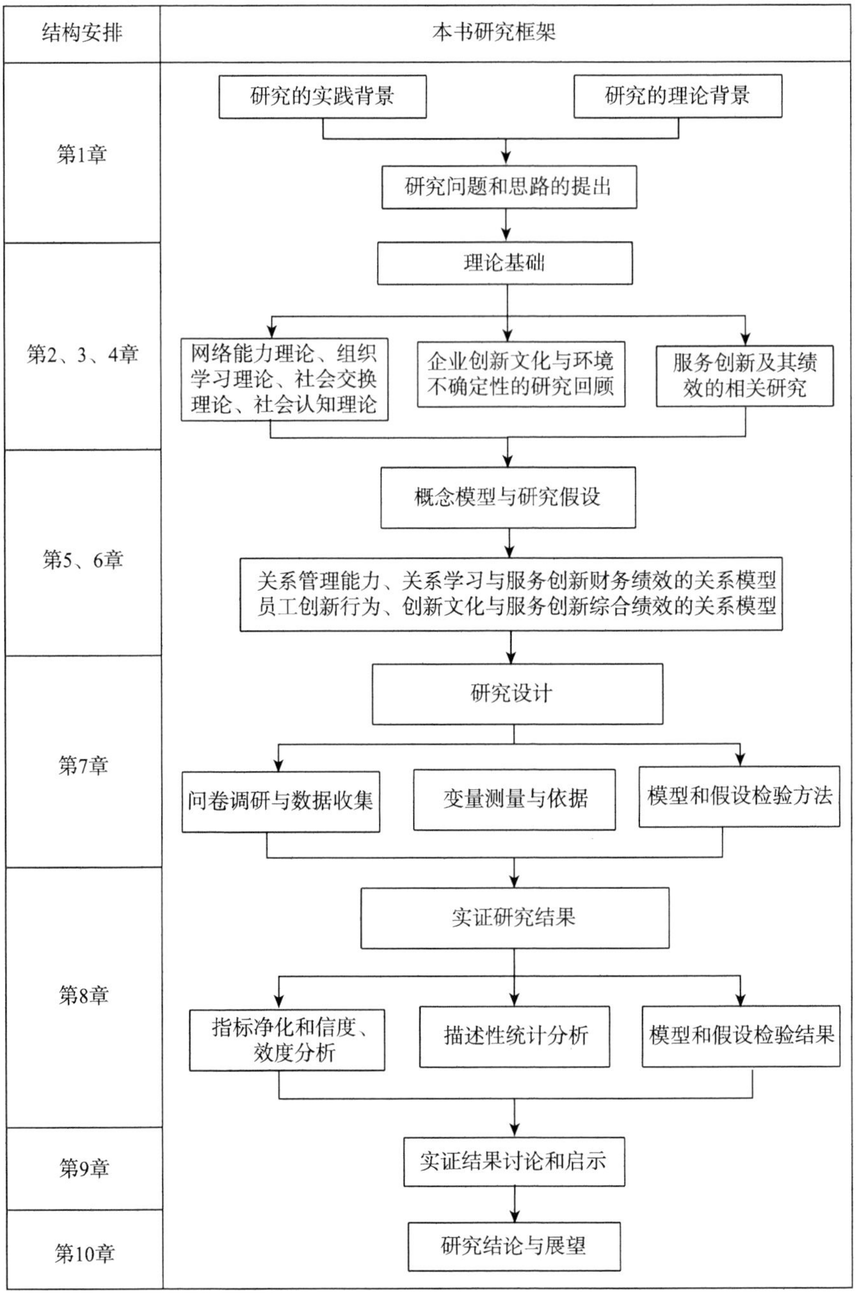
结构安排
本书研究框架
第1章
研究的实践背景
研究的理论背景
研究问题和思路的提出
第2、3、4章
理论基础
网络能力理论、组织学习理论、社会交换理论、社会认知理论
企业创新文化与环境不确定性的研究回顾
服务创新及其绩效的相关研究
第5、6章
概念模型与研究假设
关系管理能力、关系学习与服务创新财务绩效的关系模型
员工创新行为、创新文化与服务创新综合绩效的关系模型
第7章
研究设计
问卷调研与数据收集
变量测量与依据
模型和假设检验方法
第8章
实证研究结果
指标净化和信度、效度分析
描述性统计分析
模型和假设检验结果
第9章
实证结果讨论和启示
第10章
研究结论与展望

图1-1 本书结构

1.4　研究方法和技术路线

本书针对不同研究的需要，分别采用实地调查研究、文献检索、归纳与逻辑推理和问卷调查等研究方法，并利用SPSS 20.0等相关软件进行分析。

首先，结合实地调研、企业或专家访谈、文献检索等方法，开展如下研究：①明确研究的实践和理论背景，清晰界定研究的科学问题；明确研究的重点和难点，拟定研究的思路和框架。②基于企业能力、服务创新、关系管理和社会认知等相关理论，分析关系学习、关系管理能力与服务创新财务绩效三者的作用关系；员工创新行为、创新文化与服务创新综合绩效三者的作用关系；竞争环境对关系学习、关系管理能力与服务创新财务绩效三者关系的影响；公司冗余资源对员工创新行为、创新文化与服务创新综合绩效三者关系的影响。③根据实证研究结果，提出针对中国企业实践的对策和建议。

其次，利用概念模型、机理模型等建模技术，开展如下研究：关系管理能力与服务创新财务绩效的关系模型，并提出假设；建立竞争环境下，关系学习调节关系管理能力与服务创新财务绩效关系的作用机理，并提出假设；建立员工创新行为与服务创新综合绩效的关系模型，并提出假设；建立公司冗余资源下，创新文化调节员工创新行为与服务创新综合绩效关系的作用机理，并提出假设。

最后，利用量化设计与优化、问卷调查和多变量统计分析等方法，对下述内容展开研究：修改、完善或开发各关键要素的测量量表；实证关系管理能力与服务创新财务绩效的作用结果；实证竞争环境影响关系学习调节作用的作用结果；实证员工创新行为与服务创新综合绩效关系的作用结果；实证公司冗余资源影响创新文化调节作用的作用结果。

本书采取的技术路线如图 1-2 所示。

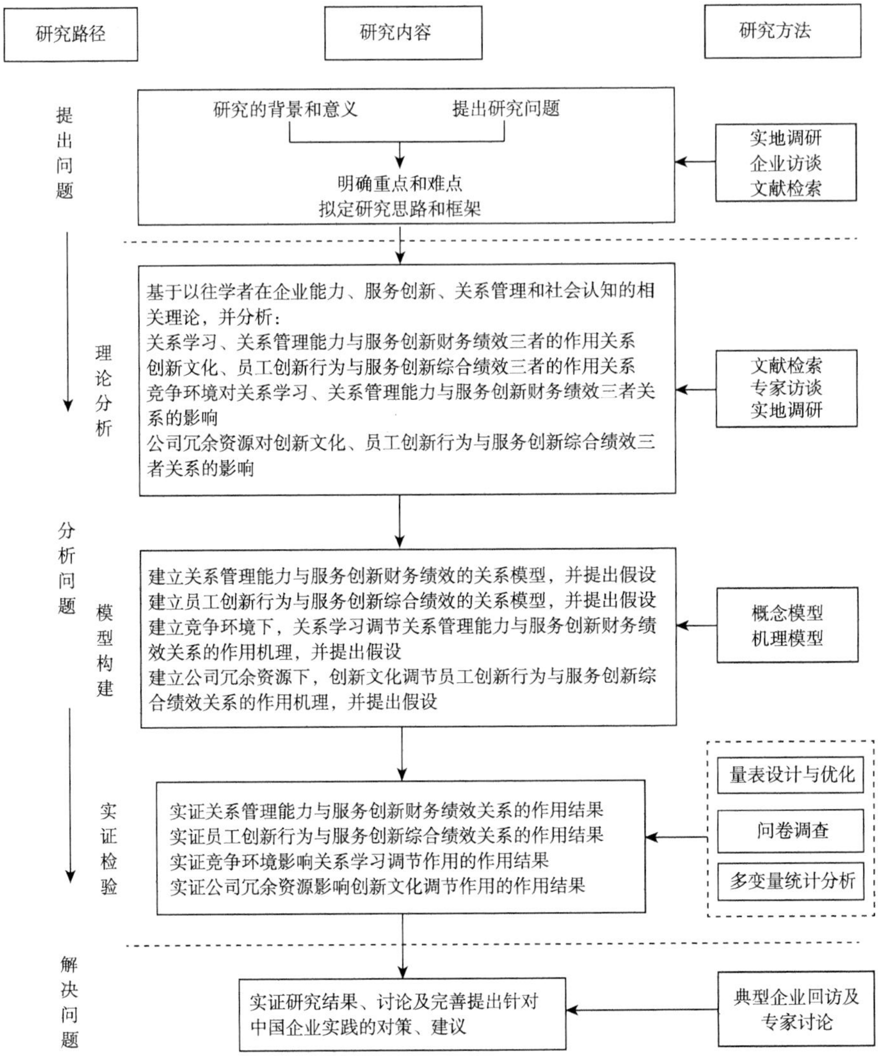

图 1-2　技术路线

1.5 研究重点和难点

1.5.1 研究重点

（1）竞争强度和关系学习在关系管理能力与服务创新财务绩效之间存在怎样的联合作用，是本书拟研究的第一个重点。竞争强度反映了面临竞争环境的动荡程度，关系学习代表了企业与合作伙伴之间的共同学习活动。关系学习既可能存在于高竞争强度环境中，也可能存在于低竞争环境中，二者可以同时存在并产生联合作用。因此，研究这种联合作用对关系管理能力与企业服务创新财务绩效之间的影响，能够帮助企业根据竞争强度环境的不同，匹配相应程度的关系学习，从而使关系管理能力对服务创新财务绩效的影响发挥最大效应，为企业管理者开展服务创新提供了理论指导。

（2）员工创新行为对企业服务创新的影响是否因企业所处行业不同（服务业和制造业）而存在差异，是本书拟研究的第二个重点。本研究将在回顾员工创新行为、创新文化和服务创新综合绩效等现有文献的基础上，分别探究服务业和制造业中，员工创新行为对服务创新综合绩效的直接作用，以及创新文化在员工创新行为与服务创新综合绩效之间的调节作用，从而帮助企业管理者了解在不同行业中，员工创新行为在企业服务创新中的直接作用和创新文化在两者之间的调节作用，为企业管理者有效开展服务创新提供理论参考。

（3）冗余资源和创新文化在员工创新行为与服务创新综合绩效之间的联合作用，以及这种联合作用在服务业和制造业中是否存在差异，是本书拟研究的第三个重点。冗余资源体现了员工创新行为所能够得到的资源支持的程度，创新文化反映了员工创新行为的企业文化氛围，在不同的文化氛围和不同的资源支持下，企业的员工创新行为的结果可能并不一样。因此，探讨创新文化和冗余资源的联合作用对员工创新行为结果的影响，并深入分析这种联合作用在服务业和制造业中是否存在显著的差异，能够帮助企业管理者更好地开展创新活动。

1.5.2 研究难点

（1）服务创新绩效的测量是本研究的第一个难点。目前，服务创新绩效的维度划分和测量在学术界尚未统一，这制约了企业服务创新相关问题的定量研究的开展，因而成为本书的研究难点之一。本研究在明确服务创新绩效内涵的基础上，从财务视角出发，按照财务绩效和非财务绩效对企业的服务创新绩效进行维度划分，并通过实地调研、问卷调查，利用探索性和确定性因子分析等方法构建企业服务创新绩效多维度的测量量表。

（2）从理论上解释竞争强度和关系学习的联合作用对关系管理能力与服务创新财务绩效之间关系的影响是本研究的第二个难点。以往的研究分别探究竞争强度或关系学习对服务创新的调节作用，而本研究重点探究两者的联合作用。因此，如何从理论上阐释两者的联合作用，并分析这种联合作用对关系管理能力与服务创新财务绩效间关系的影响机理，是本研究的难点之一。只有从理论上解决了这一难点，概念模型的建立、研究假设的提出以及后续的实证检验才有价值和意义。

（3）从理论上解释冗余资源和创新文化的联合作用对员工创新行为和服务创新综合绩效之间的影响是本研究的第三个难点。以往研究主要分别探究冗余资源或创新文化对服务创新的调节作用，本书探究两者的联合作用。因此，从理论上阐释联合作用对员工创新行为和服务创新间的影响机理，是本研究的最后一个难点。

1.6 研究创新点

（1）本书通过研究发现，关系学习的不同维度（信息共享、共同理解和特殊关系记忆）对关系管理能力与服务创新财务绩效之间关系的调节作用并不相同。其中，信息共享的调节作用不显著，共同理解、特殊关系记忆则会显著的负向影响关系管理能力对服务创新绩效的正向作用。这一研究结果与以往研究结果恰好相反，例如，孙颖（2010）指出，组织学习体现了企业转换资源和知识的能力，组织学习可以将企业通过网络能力获取的信息资源进行发酵和吸收，使这些信息能在服务创新活动中发挥最大的效用。这说明，由于关系管理能力和关系学习的功能交叉重叠，关系学习在一定程度上抑制了关系管理能力的作用，削弱了关系管理能力对企业服务创新财务绩效的正向作用；同时，关系管理能力和关系学习都能帮助企业获取外部资源，并导致企业内部资源闲置，降低了企业运营效率，不利于提升企业服务创新财务绩效（Lee，2011；郭文钰和杨建君，2020）。例如，Lee（2011）证实存在过剩资源的“阴暗面”，会导致浪费和效率低下。本书的研究结果深化了对关系学习、关系管理能力与服务创新财务绩效之间的作用关系的理解，丰富了关系学习、网络能力和创新绩效的相关文献。

（2）本书研究表明，竞争强度和信息共享、竞争强度和特殊关系记忆存在联合作用，能够加强关系管理能力对服务创新财务绩效的正向作用；竞争强度和共同理解不存在联合作用，不会影响关系管理能力对服务创新财务绩效的正向作用。这说明，竞争强度和关系学习存在联合作用，在一定程度上强化了关系管理能力的积极作用。本研究通过对竞争强度的研究，发现了新的结论——竞争强度可以有效地抑制企业能力不兼容对服务创新财务绩效带来的消极影响，这是竞争强度对创新影响研究的一个崭新观点。

（3）本书研究显示，在服务业中，创新文化负向调节员工创新行为对服务创新综合绩效的正向作用；而在制造业中，创新文化正向调节员工创新行为对服务创新综合绩效的正向作用。这说明，创新文化在员工创新行为与服务创新综合绩效间关系所发挥的调节作用会因企业所处行业不同而存在差异，这一研究结果将创新文化的正向调节和负向调节作用从其他因素与企业创新绩效之间拓展到不同行业之间，证实了创新文化对员工创新行为和企业服务创新综合绩效之间关系的调节作用会因为行业的不同而变化。这是对现有观点的拓展和补充，极大地丰富了创新文化、创新绩效的现有文献，加深了对创新文化调节作用的理解。

（4）本书研究证实，在服务业和创造业中，冗余资源和创新文化存在联合作用，其联合作用会强化员工创新行为对企业服务创新综合绩效的正向作用。这说明，在服务业中，冗余资源抑制了创新文化在员工创新行为与服务创新综合绩效间关系的负向调节作用；在制造业中，冗余资源会促进创新文化对员工创新行为与服务创新综合绩效间关系的正向调节作用。也就是说，企业的创新文化氛围越浓，冗余资源越多，员工创新行为对服务创新综合绩效的促进作用越大。这一研究结果极大地丰富了现有研究观点，加深了对创新文化对员工创新行为与服务创新综合绩效之间关系的调节作用的理解，丰富了企业文化理论和组织学习理论的相关文献。

第2章　理论基础

2.1 网络能力理论

2.1.1 网络能力的内涵

20世纪80年代，随着企业竞争环境日益网络化，学者们对网络能力的研究逐步深入。在知识经济时代，企业为了获得稀缺资源，会与竞争者、供应商、科研机构和顾客等外部组织之间相互共存、相互关联，主动或被动地进入到复杂的关系网络中，使得企业所处的环境逐渐网络化，进一步促使了网络能力概念的产生。不断被拓展和运用的网络关系，有利于企业获取更多有效的资源、创造更高的价值并提升企业综合竞争力。网络能力使企业在复杂多变的网络环境下，拓展其在管理、战略层面的核心能力。

学者们对网络能力的概念界定主要基于两个视角：第一，关系联结视角，从企业主体角度出发，研究企业在网络中的联结能力。Hakansson（1987）首先提出了网络能力的概念，认为企业网络能力是企业提高网络综合地位和处理特定网络关系的能力，其中包括改善网络位置的能力以及处理某单个关系的能力两个方面。Gulati（1999）认为企业网络能力是企业维系外部网络联结的能力。Moller 和 Halinen

（1999）认为企业网络由客户、竞争者、供应商等众多组织构成，只有建立面向关系构建和管理的网络能力才能获得并保持竞争优势。马鸿佳等（2010）认为，网络能力是企业对外部关系开发、联系及维护的能力，建立并发展网络关系能更快地获取资源和创造价值，是企业提升其网络地位、处理与外部组织间的特定关系，指引网络变化并提高竞争优势的一种动态能力；第二，结构密度视角，从整个网络角度出发，研究处于整个网络结构中不同位置结构的企业适应网络结构、改善自身网络位置并调节网络密度的能力。Ritter 等（2004）认为，企业在网络结构中可能处于主导、平等或从属等不同地位，网络能力是企业调节自身在不同网络地位中网络关系的能力。

2.1.2 网络能力的维度划分

网络能力的维度划分是基于关系联结视角和结构密度视角对网络能力的认识展开的，维度划分的主要分析框架是网络管理的层次性。学者们通常从网络管理的关系、网络和战略层次来细分网络能力的维度，关系层次即企业的单个二元关系，网络层次从整个网络结构出发，战略层次对应整个网络结构。以下内容总结了学者们对网络能力的维度划分和分析框架，如表 2-1 所示。

Moller 和 Halinen（1999）将网络能力划分为网络愿景能力、网络管理能力、组合管理能力和关系管理能力四个维度，邢小强和仝允桓（2006）在研究网络能力时借鉴该维度划分。其中，网络愿景能力从网络管理的战略层次出发，是对网络结构整体发展演化的识别、判断和预测能力；网络管理能力从网络管理的网络层次出发，是对整体网络的控制和协调能力；组合管理能力介于关系与网络层次之间，是对合作伙伴、竞争者、顾客等关系组合的管理能力；关系管理能力从网络管理的关系出发，是企业处理单个二元关系的能力。从维度划分的视角来看，网络愿景能力、网络管理能力是基于结构密度视角的网络能力，关系管理能力基于关系联结视角，组合管理能力介于结构密度与关系联结视角之间。

Ritter 和 Gemünden（2003）将网络能力划分为任务执行和资格条件的二维结构。其中，任务执行可以进一步细分为特定关系任务（即维持单一关系的任务、启动、交换和协调）和跨关系任务（即维护整个关系网络的计划、组织、人员配置和控制）；资格条件包括专业资格和社会资格，是在整个网络结构中对企业网络管理活动和任务开展的资格要求，任务执行和资格条件两个维度是基于关系联结和结构密度两个视角对网络能力的认识。从认识视角和分析框架来看，任务执行维度是介于关系视角和结构密度视角认识的网络能力，介于网络管理的关系和网络层次；资格条件维度基于结构密度视角、战略层次。

徐金发等（2001）从战略、关系和网络三个层次出发，将网络关系分别划分为网络愿景能力、网络关系组合能力和网络角色管理能力三个维度，马鸿佳等（2010）在网络能力与创业能力的相关研究中沿用此维度划分标准。网络关系组合能力是企业协调与合作方关系的能力；网络角色管理能力是企业要维持自身在网络结构中的角色和地位，根据所扮演角色与网络结构中其他成员合作来完成项目和任务。

表 2-1　网络能力维度划分代表性研究

网络能力的维度划分	学者
网络愿景能力（战略层次）、 网络管理能力（网络层次）、 组合管理能力（介于关系和网络层次之间）、 关系管理能力（关系层次）	Moller 和 Halinen（1999）、 邢小强和仝允桓（2006）
任务执行（关系和网络层次）、 资格条件（战略层次）	Ritter 和 Gemünden（2003）、 Torkelli（2015）

续表

网络能力的维度划分	学者
网络构想能力（战略层次）、 网络关系组合能力（关系层次）、 网络角色管理能力（网络层次）	许金发等（2001）、 马鸿佳等（2010）

2.1.3 网络能力、创新与绩效

围绕网络能力与企业创新绩效之间的作用关系，国内外相关学者形成了三种较为突出的观点：①网络能力能够直接提升创新绩效；②网络能力通过社会网络因素间接提升创新绩效；③网络能力不仅能够直接提升创新绩效，还能够通过知识转移、技术能力、关系学习等途径间接影响创新绩效。

在网络能力直接影响企业创新绩效的相关研究中，网络能力对企业的技术交织程度及其创新成功起着积极影响（Ritter 等，2002），服务企业的外部网络能力能够解决内部资源匮乏、规避管理与技术风险等问题，从而提高企业创新绩效（Greeven 和 Zhao，2009）。国内学者研究发现，一方面，网络能力可以直接影响到创新绩效。例如，陈学光（2007）以浙江省制造业企业为研究对象，验证了动态环境下网络能力能够显著影响创新绩效；韵江（2012）等以制造业为研究对象，证实了网络能力对创新绩效能产生积极作用；杜俊枢等（2018）验证了网络能力对企业创新绩效有显著正向影响，并在创新搜索宽度、深度与创新绩效之间起完全中介作用；倪渊（2019）验证了在产业集群的情况下，网络能力对集群网络的核心企业的创新有重要作用，核心企业的网络能力能促进集群企业的探索式和利用式协同创新。另一方面，网络结构、文化差异性及动态环境在网络能力与企业创新绩效关系之间发挥调节作用。网络中心性、网络关系强度和网络内部差异性越大，网络能力对产品创新绩效的促进作用越大（李随成等，2013）。在不同的地区环

境中，网络能力对企业合作创新绩效的影响会发生明显的变化（宋晶等，2015），网络能力在煤炭企业的技术创新与管理创新中起到促进作用，环境动态性起到正向调节作用（刘方润亚，2019）。

网络能力间接影响企业创新绩效。学者们较多的研究了创新网络性质、网络资源、网络位置、网络结构的中心度、网络结构异质性、结构洞等不同类型的社会网络在网络能力与企业创新绩效之间的中介作用。第一，“创新网络性质”可作为中间变量，在网络能力与创新绩效之间发挥中介作用（陈学光，2007）。第二，网络能力主要借助于综合不同的网络资源寻找创新网络中所隐藏的丰富机遇（方刚，2008）。第三，网络位置及其特点在网络能力与创新绩效之间的中介作用。网络能力可通过网络位置（赵颖斯，2014）、网络位置的核心性（Chiu和Yen，2008）间接影响企业创新绩效；企业可以依靠网络能力变更自身在网络中的位置，加强创新网络实力，同时可以通过其在网络中的创新资源来提高创新绩效（周江华等，2013）；网络能力通过网络位置跃迁的中介作用促进双元创新（李国强等，2019）。第四，网络结构的中介效应。网络能力会通过相对稳定的网络结构间接作用于财务、成长与创新等创业绩效，其中，网络结构的中心度、结构洞、异质性起完全中介作用（张宝建等，2015）。

网络能力对企业创新绩效既有直接作用，又有间接作用。首先，除了直接作用，网络能力还能够通过知识共享（Jian和Wang，2013）、隐性知识资源（范钧和王进伟，2011；马柯航，2015）的中介作用，间接提升企业创新绩效；知识资源获取在网络能力与渐进式创新绩效的关系中起中介传导作用（屠兴勇等，2019）；知识整合在内外部网络能力与商业模式创新间均起部分中介作用（杨刚等，2020）。其次，除了直接作用，网络能力也能够通过技术能力提升创新绩效。例如，周江华等（2013）指出，网络能力可以通过企业的技术能力间接影响创新绩效；

Yu 等（2014）认为技术能力在网络能力和新产品开发绩效之间发挥中介作用。最后，除了直接作用，网络能力也会通过关系学习间接提升企业的创新绩效。例如，简兆权等（2014）认为网络能力不仅能够直接提升企业的服务创新绩效，还能够通过关系学习间接提升企业的服务创新绩效。

以上研究表明，网络能力会对企业创新绩效产生直接、间接以及综合影响。学者们从不同角度证明了网络能力对创新绩效产生的重要作用。根据以往研究结论，网络能力能够提升企业的技术创新、商业模式创新、服务创新等一系列创新能力，也会直接影响企业的创新绩效和市场绩效，并为企业创造竞争优势提供了推动力。

2.2 组织学习理论

2.2.1 组织学习理论的基本概念及内涵

组织学习、组织间学习、关系学习、探索式和利用式学习是组织学习的不同方式，也是组织学习理论的重要研究内容。组织学习是集中于组织内部的学习方式，通常包括组织内个体、群体和组织三个层面的学习，关注如何将个体知识转化为组织知识（Nonaka 和 Takeuchi，1995）；修正后的组织学习理论要考虑组织间的学习（Lane，2001），更多依赖组织间关系，在组织外部展开学习以获取更多资源，组织间学习和关系学习是外部学习的重要方式；探索式学习和利用式学习是基于不同目的的组织学习方式。本文分别对组织学习、组织间学习、关系学习、探索式和利用式学习的定义进行了总结。

1. 组织学习

March 等（1959）最早对组织学习进行了研究，之后在学术界逐渐得到重视，在心理学、管理科学、社会学等多个视角被解释和定义，不断得到完善。

组织学习的主要定义可细分为三个方面：第一，修正错误与经验学习。代表性学者及观点包括，组织学习是组织成员不断识别错误，同时修正失误的过程（Argyris 和 Schön，1997），是组织基于过去经验开发出的应对能力和知识（Fiol 和 Lyles，1985）。第二，知识获取、传递、提炼及产生能力的过程。组织学习是提高组织绩效、产生能力的过程，是知识的获取、创新和传递（Nonaka 等，2001），是企业进行组织内部知识提炼的过程（Bierly，2000）。第三，创新的过程。组织学习的本质是创新的过程，组织通过持续调整和改变本身来应对复杂环境变化（陈国权和马萌，2000）；组织学习是组织为了达成自身愿景或应对外部环境变迁，在组织间、组织内、集体和个人中进行的持续创造、获取新的知识信息，并将其解释、吸收以应用的循环上升的社会互动过程（于海波等，2004）；组织学习是组织以构成核心竞争力为目的，在个人及集体层面进行的以知识和信息为对象的不断创新的过程（沈占波，2010）。

2. 组织间学习

组织间学习相对于组织学习是打破组织边界获取外部知识的重要方式。知识基础论（Knowledge-Based Theory）认为企业知识不断积累和更新是企业获取持续竞争优势的关键，因此组织应不断思考如何建立知识优势。组织知识可以通过内部经验学习和内部创造获得。然而，面对动荡的市场环境，组织内部创造的知识难以满足组织发展需要，获取组织外部的资源变得至关重要（Levinthal，1990）。因此，组织知识的获取方式需要打破组织边界，通过与组织外部的个体或组织建立联系并进行交流互动，从而获取外部知识。组织间学习是两个或两个以上组织共同参与的学习活动，打破了组织边界，使组织与其他组织通过形成良性的合作关系网络实现知识的互补，如通过与供应商、顾客、竞争对手、中介机构、学研机构等合作伙伴交换市场、顾客需求、技术以及运营战略等方面的信息和资源（Wang 和 Hsu，2014）。

组织间学习的概念相对组织学习较新，学者们对其概念还未形成统一的认知。学者们对组织间学习的兴趣源自于 Hamel 发表的 *Competition for Competence and Interpartner Learning Within International Strategic Alliances* 一文，文章指出，相比学习结构，学习过程更能够决定组织间学习的结果，组织间学习是企业获得并保持竞争优势的最有价值的资源（Pat 和 Dickson，1997）。

学者们最早对组织间学习的界定主要针对组织外部学习的对象，形成了不同的视角，主要体现为以下两类：第一，企业与合作伙伴视角。组织间学习是企业获取和使用合作伙伴知识、资源的手段（Lane 和 Lubatkin，1998），企业与供应商、顾客、竞争者及其他合作者开展知识收集、转移、应用和再创造等一系列活动（李垣等，2008）。第二，企业与外部网络视角。组织间学习是企业在特定的网络环境中，通过外部网络上的知识寻求机制发现和获取知识的行为（Dyer 和 Singh，1998），是企业与外部网络间知识获取和知识利用的学习过程（Hu，2014）。

此外，学者们从组织间学习的过程来界定组织间学习，其定义经过了“从组织间双边或多边学习过程，到双边或多边的知识共享和传播，再到外部知识获取、处理和知识整合”的一系列逐步完善的过程。Knight（2002）、Hartley 和 Allison（2002）将组织间学习定义为企业与其他组织之间进行的双边或多边的学习过程，通过这一学习过程，不同类型的组织在外部环境中去实现各自的目标；何亚琼等（2006）细化了组织间学习过程采用的方式，认为组织间学习是各行为主体在特定的网络环境中，通过特定的知识共享和传播机制，以提高组织绩效为目的开展双边或多边的互动学习行为；Easterby-Smith 等（2008）认为组织间学习是企业进行外部知识获取、处理和知识整合的一系列过程，组织在外部开展知识转移等活动以获取知识和经验，进一步维持竞争优势，提高绩效。

与组织内部的学习不同，组织间学习涉及两个或两个以上在法律和经济上彼此独立的企业。组织间学习可能是受到外部动态环境的驱使，激烈的竞争环境、快速变化的用户需求迫使组织通过与外部组织组成联盟等形式获取外部的技术知识和市场知识；也可能由于两个组织的组织特征相似或组织关系密切，促使组织通过良性合作进行知识交换。因此，这些组织间不仅存在合作也存在竞争，故根据组织间合作的目的差异，组织学习可分为合作（性）学习和竞争（性）学习。合作（性）学习发生在相关组织认为双方不存在严重的利益冲突，长期看来也不会产生生存威胁时，这种学习可通过向合作者学习和与其共同学习两种途径进行。竞争（性）学习是指合作中的某一方存在私欲，想尽可能多地向他方学习，而不是进行知识共享和共同学习，这种学习是一种不对等的学习，往往发生在由于剧烈变化的市场环境和激烈的竞争环境所被迫组成的联盟组织中，合作中的强势方可能会获得更多的知识，而弱势方能获得的知识极为有限，从而使得组织间的学习关系异常脆弱，并可能导致合作的破裂。

综合以往研究得出，组织间学习的主体是两个及以上的独立组织，因此，各组织在文化、目标、行业背景上均可能存在较大的差异。合作各方都可能会受自身利益驱使，想通过组织间学习从合作伙伴那里获取和控制更多的资源，以期产生更高的剩余价值。然而知识交流是一种合作社会交换，只有双方都能参与互动并从中受益，才能维持知识交流（Levinthal，1990）。因此，组织间学习产生难且关系脆弱。

3. 关系学习

关系学习的观点由 Selnes 和 Sallis（2003）基于关系建构的互动观

点率先提出，关系学习是组织改善关系中未来行为的过程，将关系学习定义为“供应商和客户之间的共同活动，其中双方共享信息，然后共同理解并集成到共享关系域特定的记忆中，从而改变潜在特定关系行为的范围或可能性”，不同组织的关系学习能力有所差异，组织建立学习机制利于关系学习能力增强。

基于四个不同的视角，学者们形成了对关系学习不同的内涵界定。第一，关系视角。关系学习是以关系为基础的一系列社会交流和认知活动（Selnes 和 Sallis，2003；Cheung 等，2010）。第二，过程视角。从关系学习的发生过程定义，认为关系学习是合作企业之间进行的共享信息，通过彼此共同理解，最后塑造为一种共享的特定关系记忆的一系列行为和活动的集合（宋春华等，2017）。第三，价值视角。强调关系学习可以带来额外价值，认为关系学习是一种联合行动，在这种行动中，双方共同努力、共同产生的价值比单独产生的价值更多（Antonio 等，2016）。第四，学习视角。强调“学习”和“知识”的概念，如 Wang 和 Hsu（2014）提出关系学习是具有合作关系的企业间的集体知识学习活动，知识没有被单方带走而是融入在彼此的共享信念中，如蒋青云（2007）基于“学习范式”，提出关系学习是基于与上下游企业之间的关系，通过彼此间沟通、协调和合作将外部知识融入到企业内部的一种能力。

4. 探索式学习和利用式学习

March（1991）将探索和利用应用到组织学习领域，提出了组织学习的探索式和利用式学习，认为两者之间存在排挤效应和资源的争夺，并根据其特征分析了其间的平衡关系。其中，探索式学习是企业通过冒险、实验、创新等形式，对全新的市场知识和技术的学习，突破企业现有知识基础，提高知识多样性；利用式学习是指企业通过优化、生产、执行等方式，获取某一特定领域更深层次的知识和资源。与从利用式学习中获得的回报相比，从探索式学习中获得的回报更具有不确定性，花费时间更长，在组织上更远离行动和适应的场所，长远上看可能对企业有利，但在短期内效果不显著。与探索式学习相比，利用式学习反馈的确定性、速度、接近性和清晰性能更快、更准确地将利用与结果联系起来。从本质上看，利用的本质是对现有能力、技术和范例的细化和扩展，它的回报是积极的、近似的、可预测的；探索的本质是对新选择的实验，它的回报是不确定的、遥远的、经常是负面的。因此，在探索的情况下，学习的轨迹与实现回报的轨迹在时间和空间上的距离通常大于利用，不确定性也是如此。

随着学者们对探索和利用关系研究的深入，近期研究指出探索式学习和利用式学习是可以共存的。对探索与利用关系的研究经历了以下几个阶段：探索和利用的对立冲突观（Nadler 和 Tushman，1997）——整合分化观（Gupta 等，2006）——平衡交互观（Colbert，2004）——包含转化观（Andriopoulos 和 Lewis，2009）——探索与利用相互依存、相互促进（亢秀秋等，2019）。

2.2.2 组织学习与创新绩效

组织学习与创新绩效有着紧密的联系，企业通过组织学习有助于取得所需的知识和技术，有助于整体绩效的提升（王飞绒和方艳军，2013）。学者们研究了不同的组织学习方式对创新绩效的影响，如下进行了详细阐述。

学者们较多研究了组织学习的利用式和探索式学习对企业创新绩效的影响，主要有三种观点。第一，利用式学习和探索式学习对企业创新绩效有直接的正向作用。例如，March（1991）认为，利用式学习热衷于保持现状或者小规模的扩展，企业运营的风险系数较低，绩效提升成功的可能性更大；Baum 等（2000）验证了探索式学习对于动态能力的提升具有重要作用，可以助推更大范围的产品创新活动；He 和 Wong (2004) 认为利用式和探索式两种形式的学习在达到平衡的状态下，利于企业取得连续的发展和创新；李辉（2019）研究了组织学习的探索式和利用式学习对创新和创新绩效的影响，验证了探索式学习能力和利用式学习能力分别促进内向型开放式创新和外向型开放式创新，内向型和外向型开放式创新与自主创新的交互对创新绩效均有正向作用。第二，探索式和利用式学习作为中介变量，在异位联盟、资源拼凑、网络结构与创新绩效之间发挥中介作用。例如，王玉和张磊（2018）验证了组织学习方式越趋向于探索式，异位联盟对企业创新绩效的提升作用越明显；曹勇等（2019）验证了双元学习作为中介变量，在资源拼凑与企业创新绩效之间发挥中介作用；Gao 等（2019）认为利用式学习和探索性学习在网络中心性和纽带强度方面对企业创新绩效起着重要的中介作用。第三，利用式学习不利于组织创新绩效提升，利用式学习更多地受到常用惯例等束缚，往往会对企业在探索新知识等方面起到较大的限制，与创新绩效是负相关关系（杨曦东，2010）。

关系学习对创新绩效的影响存在以下三种研究结论：第一，关系学习直接影响创新绩效。例如，关系学习能正向影响绿色创新绩效（Antonio 等，2016）。关系学习的两个维度（信息共享和特定关系记忆）可促进企业双元创新能力，进而影响企业绩效（宋春华等，2017）。第二，关系学习作为中介变量，网络嵌入、网络能力、信息技术、联盟组合能力可通过关系学习的中介作用影响创新绩效。例如，蔡坚和杜兰英（2013）提出了网络嵌入—关系学习—知识整合—创新绩效的关系模型，验证了关系学习和知识整合的中介效应；简兆权等（2014）验证了网络能力正向影响关系学习，关系学习又促进知识积累和组织间长期合作关系的建立，最后正向影响服务创新绩效；Gema 验证了关系学习是信息技术和绿色创新绩效的中介变量；殷俊杰（2018）验证了联盟组合能力能促进关系交互，形成关系学习，随着关系学习积累知识，提高创新绩效。第三，关系学习间接影响创新绩效。例如，陶晓波和沈晓岭（2018）认为关系学习通过资源整合的中介作用影响新产品开发；詹志方（2018）验证了关系学习通过利用能力的部分中介作用对创新绩效的正向影响，但过度的关系学习会导致思维锁定，削减渠道探索能力。

2.3　社会交换理论

2.3.1　社会交换理论的起源与发展

社会交换理论产生于 20 世纪 50 年代末的美国，最初的社会交换理论认为人都是理性的，并以利己主义和趋利避害作为行为的基本准则，人与人之间的互动和社会关系归根结底都可以概括为一种交换。

Homans（1958）在 *Social behavior as exchange* 中首次提出了社会交换理论（Social Exchange Theory），并阐释了社会交换的内涵。他主张人类的一切行为都受到某种能够带来奖励和报酬的交换活动的支配，因此，人类的一切社会活动都可以归结为一种交换，人们在社会交换中所形成的社会关系也是一种交换关系。Blau（1964）则指出，社会交换并不涵盖所有的互动行为，仅限于那些指向具体目标或酬赏的行动，这些人用自己的一种或多种资源与别人控制且自己渴望的资源交换。社会交换理论关注内在奖励（Blau，1964），它与经济交换的不同之处在于需要不确定的义务，收益没有一个单一的定量交换媒介的确切价格，收益的性质也无法讨价还价（Bock 和 Kim，2002）。这就是为什么只有社会交换才会产生个人义务、感激和信任。总之，社会交换的本质是人们为满足自身社会生活需要而进行的资源互换，主张人的一切活动和社会关系都是以奖赏和报酬为向导，其核心是互惠互利，即为了激发和维持交换关系，交换主体在获得收益的同时必须承担回报义务。

通过以上代表性研究学者的研究结论可知，社会交换理论是以利益交换作类比，把人与人之间的互动行为比作一种有价值资源的交换过程。该理论在一定程度上解释了人们进行社会互动的起因、本质、模式和机制，也详细分析并诠释了社会互动和宏观层面上社会组织之间的关系，为深入探析个体与组织间关系提供了重要的理论支撑。

2.3.2 社会交换理论的四个流派

关于社会交换理论，学者们从不同视角进行了研究，形成了四个具有代表性的研究流派，即行为主义交换理论、结构主义交换理论、认知交换理论和网络交换理论。其中，行为主义交换理论是从微观视角解释人类行为，结构主义交换理论是从微观和宏观社会结构解释人类交换行为，认知交换理论是将认知心理学引入到社会交换之中，结构主义交换理论主要从人们的交换关系、网络结构等视角研究人们的交换行为。

1. 行为主义交换理论

1958 年，Homans 借鉴经济学和行为主义心理学提出了行为主义交换理论，力图从微观层面解释人类行为。行为主义交换理论认为，人与人之间的互动行为是一种交换过程，在这个过程中各方参与者与对方开展相关活动的同时交换有价值的资源，其核心是趋利避害，即人们在交换过程中总是重复那些得到回报的行为，而终止那些受到惩罚的行为（Cropanzano 和 Mitchell，2005）。在整个交换过程中，人们基于利益判断选择是否建立和维持交换关系，即参与者各方不断对交换中的代价和报酬、收益和风险进行比较，比较的依据是个人过去的经验和其认同的比较群体，其比较的结果直接影响人们对交换关系的态度和行为（Molm 等，2000）。

行为主义交换理论被广泛应用于人际关系、市场营销等领域的研究，并取得了丰富的研究成果。①在人际关系研究方面，该理论丰富了人们对人际关系的认识。由于行业之间存在差异性和特殊性，一些学者聚焦于某一特定行业的人际关系研究。例如，杨艳杰和褚海云（2017）基于医生和患者关系格外紧张的背景，指出互惠性交换是建立医患信任关系的理想交换方式。此外，组织和顾客关系也是学者们研究的重点。组织和顾客交换关系的建立过程具体可分为三个阶段（Bauer 和 Green，1996），其中，风险认知是顾客与组织建立交换关系的起始点，最后一个阶段指顾客对组织产生信任进而激发和维持其与组织的交换关系（刘小平，2011）。顾客在交换过程中产生的积极评价（情感评价、理性评价）能够激发和维持企业和与顾客之间的交换关系（Chou S W 等，2016）。②在营销领域研究方面，该理论的应用丰富了营销领域的实践和理论内涵。例如，尚林（2015）基于行为主义交换理论视角，研究了 B2B 背景下客户推荐意愿的影响因素，实证发现经济回报、自身提升对客户推荐意愿影响不显著；孙乃娟和郭国庆（2016）以在线零售行业为例，基于社会交换理论视角，发现顾客承诺对顾客公民行为具有正向驱动作用。

2. 结构主义交换理论

结构主义交换理论分别从微观和宏观社会结构解释人类行为，在宏观和微观领域的社会交换研究之间架起了桥梁。该理论认为，虽然大部分人类行为以社会交换为指导，但并不是所有人类行为都以此为指导，社会交换只是人类行为的一部分。人类行为成为交换行为必须具备两个条件：一是该行为的最终目的必须通过与他人互动才能达到；二是该行为必须采取实现这些目的的相应手段。社会交换是人类活动的一种特殊形式，它源于交换双方的相互吸引，即如果交换双方都控制着彼此渴望的有价值的资源，他们会彼此吸引而产生交换的愿望。此外，该理论强调，由于不能确定对方是否给予回报、回报的多少以及回报的期限，故交往中存在不确定性和未知风险（Blau，1956）。根据不确定性和未知风险的性质，可以把社会交换关系分为互惠型交换关系和协商型交换关系（Molm 等，2000）。信任是降低交易不确定性和未知风险最终激发和维持社会交换关系的重要因素，常常被学者用于探讨交换中的个体及组织的行为。

显然，任何理论都应与时俱进，在结合时代发展特点引入价值观和时间变量之后（赵云云，2012），结构主义交换理论得到了学者们进一步地丰富和拓展。例如，罗佳琦（2013）从社会交换视角分析宏观社会中的交换，指出香港赛马的成功正是符合人们价值观的体现；孙庆民（2009）从人体视角出发，强调拥有相似价值观和态度倾向的个体之间更容易建立交换关系。随着关系型虚拟社区的发展，曲霏等（2019）对微信、微博和 QQ 三大国内影响最大的关系型虚拟社区进行了实证研究，构建了关系型虚拟社区用户体验与持续使用行为的作用关系模型，并对细分群体进行研究，发现不同性别和社龄的用户在该作用关系中存在差异。在交换过程中，政策、资源、信息、知识、暴力、财富等赋予了交换者一些权利（阿尔温·托夫勒，1991），由于弱权者很难提供同等报酬，就产生了不平衡交换，而不平衡的交换带有剥削性质和殖民色彩（鲍振峰，2010）。如何解决交换中的不平衡问题，即弱权者如何在权利的压制下获得独立，受到了学者们的重视。例如，杨品荷（2011）归纳出获得独立的途径：为掌权者提供某种他极其想要的服务作为相互性的交换、从别处获得所必需的服务、以某种手段强迫掌权者提供服务和顺从于没有这种服务的现实。

3. 认知交换理论

认知交换理论完成了从行为主义到认知心理学的研究路径（李艳春和刘军，2015），丰富和完善了社会交换理论。认知交换理论被广泛接受地验证个体行为（Compeau 和 Higgins，1995），环境影响、个人因素和行为是相互影响的双向决定因素（Woo 和 Bandura，1989）。该理论强调从认知心理学视角研究小群体中的两人互动，其互动结果是双方行为相互作用的体现（孙庆民，2009），即互动双方的行为表现相互影响且互动带来的感受（快乐或痛苦）依赖于双方的行为。此外，该理论提出了行为库的概念，即个体在互动中所有可能的行为选择构成了一个行为库，个体依据报酬最大而代价最小的原则从行为库中进行行为选择（Hare 等，1959），以实现个体内驱力降低或满足其所需资源。在交换过程中，人们基于价值判断做出的行为选择是外源因素和内源因素共同作用的结果。其中，外源因素指互动以外的影响报酬与代价的因素，包括互动者的个体需要与能力、互动前已存在的态度或价值观方面的相似或差异、互动的情境等；内源因素指在互动过程中以及作为互动结果出现的因素，主要表现为互动双方的行为干扰等。

交换双方基于两种价值判断标准决定交换关系的建立和维持：（1）比较标准（Comparison Level，CL）。交换者根据过去经验或其认同的比较群体判断其收入的平均价值，反映了一项交换关系的吸引程度；（2）选择比较标准（Comparison Level for alternative，CLalt）。个体在某一特定的可选择的交换关系中收入的最低标准，收入超过 CLalt，个体继续保持这种关系的可能性增大。收入、CL 和 CLalt 之间的比较产生了四种结果：①当某一特定的关系所带来的收入高于 CL 和 CLalt 时，这一关系被认为是令人满意且稳定的；②当收入高于 CL 而低于 CLalt 时，个体会选择其他有吸引力的关系；③当收入低于 CL 而高于 CLalt 时，由于收入高于其他可选择关系，互动者将会依赖于这种关系；④当收入既低于 CL 又低于 CLalt 时，这是最差的一种情况，互动者会选择其他更好的关系。如表 2-2 所示。

表 2-2　互动者行为量化的四种结果

满意且稳定	愉快但不稳定	依赖且稳定	不满意且不稳定
收入>max（CL，CLalt）	CLalt>收入>CL	CL>收入>CLalt	CL>CLalt>收入

认知交换理论被广泛运用于知识共享行为和领导—成员交换的研究。①在知识共享方面，认知交换更有力地解释了知识共享的过程。当员工感到组织环境是公平的时候，就会表现出高度的知识共享行为意向，这是基于他们对信任和承诺的感知。相反，当员工觉得组织环境不公平时，就会拒绝分享知识（Tsai 和 Cheng，2012），而信任一直被视为是加强知识共享的一种有价值的手段（Abrams 等，2003）。②在组织内部领导—成员交换方面，认知交换理论丰富了组织内部领导与员工关系交换的研究。例如，钱士茹等（2015）研究指出领导—部属交换对企业员工建言行为具有显著的激励作用，内部人身份认知在领导—部属交换与员工建言间起中介作用，组织身份吸引力在领导—部属交换与员工内部人身份认知的关系之间具有显著的调节作用。李小兵（2015）验证了领导—成员交换通过提高员工的创造性自我效能最终对员工的创造力产生积极的作用。

4. 网络交换理论

网络交换理论将行动者之间的交换关系作为研究对象（Emerson，1976），即把行动者之间的依赖关系作为分析单位，用点—线—图表示交换关系及其结构，建构一个包括行动者的内部特性（偏好、信念、决策等）和行动者外部特性（社会关系、结构条件等）的模型，通过分析嵌入网络结构中行动者的交换偏好、社会关系、社会结构来预测行动者的交换行为（刘军等，2011）。此外，该理论将人们之间的交换关系分为三种连接类型：内含式网络连接、无规式网络连接、排他式网络连接（Willer，1999）（参见图 2-1），与其相对应的分别是弱权力网络、均衡权力网络与强权力网络三种权利类型。不管是何种类型的网络，都具有添加更多联系的潜在动力（盛小平和完颜邓邓，2014），弱权者可通过联盟、承诺等方式使不平衡交换向平衡交换过渡。

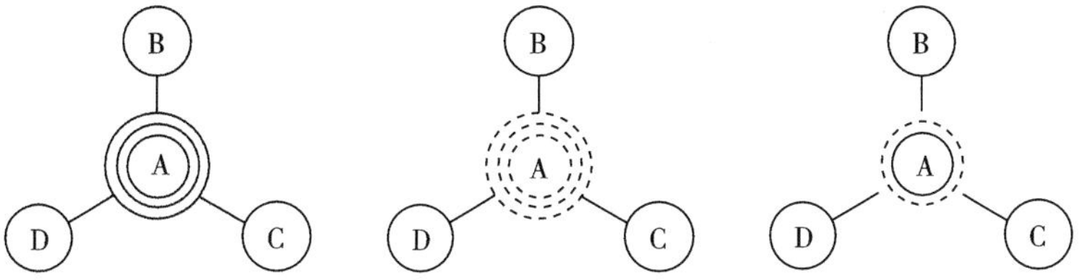

（1）内含式　（2）无规式　（3）排他式

图 2-1　网络交换理论视角的交换关系连接类型

学者们主要围绕权利、情感、承诺与信任三个方面对网络交换进行深入细致地研究，拓展了网络交换理论的内涵和应用。学者们重点研究以下几个问题：①当出现不平衡交换时，如何实现行动者之间的平衡交换，促使交换继续进行？②如何克服交换中的不确定性因素与风险？③哪些因素在网络交换中起作用？具体而言，由于行动者掌握的有价值资源存在差异，所以很难实现平衡交换，弱权者可以通过联盟、承诺等策略来推动平衡交换（Emerson，1972）。虽然联盟可以推动平衡交换，但考虑关系强度时，联盟并不总是推动平衡交换（刘军和郭莉娜，2013）。根据社会交换理论，在交换关系建立的过程中存在着不确定性和未知风险，不同交换方式对应不同数量、类型的风险，承诺和信任可以降低交换中的不确定因素，在中国特殊文化背景下，人情与面子是中国人运用社会关系网络的工具（费春红，2010）。

2.3.3　社会交换理论四个流派的特点与比较

纵观以往研究，社会交换理论四个流派具有三个基本特点：①人们为满足社会生活的需要而进行社会交换，受到某种能够带来奖励和报酬的交换活动的支配；②交换内容不仅限于经济资源如货物、金钱、资产、信息等经济利益，还包括社会资源如关系交往中的情感、友谊、满足等精神需求；③交换过程遵从平等互惠的原则，只有满足相互的期望后，才可进行下一次交换，否则交换关系将会终止甚至引发关系冲突（许苏明，2000）。对于涉及经济利益的交换，交换主体一定是综合考虑了收入和支出后做出的最优选择，即实现更高规模的利润空间；对于涉及精神需求的交换，交换主体则是遵从内心感受做出感性选择，追求情感的满足和心理上的安稳。

表 2-3 对社会交换四个理论流派进行了比较，指出了不同理论流派在关注重点、理论来源、理论假设、解释范围及研究视角方面的不同点，以及各个理论的研究侧重点和局限性。首先，行为主义交换理论以 Homans 为主要代表人物，理论来源是斯金纳的个体主义心理学思想，以个体还原论为研究视角，参数理性人作为理论假设，关注的重点是交换行为的心理因素，采用微观层面的个体的心理来解释交换活动，其局限性在于忽视了社会因素及宏观结构对个体活动的限制，对社会群体与社会结构的解释力不足。其次，结构主义交换理论以 Blau 为主要代表人物，其理论来源于经济学的功能主义与社会学的结构主义，以整体还原论为研究视角，结构中的理性人作为理论假设，重点关注社会交换的结构基础，用交换的宏观结构来解释人类行为，其局限性在于缺乏解释交换行为的具体机制，不能解释具体的交换行为。再次，认知交换理论以 Kelley 为主要代表人物，以认知心理学为理论来源，以依赖关系为研究对象，以依赖关系中的策略理性人作为理论假设，将权利与依赖的关系作为关注重点，来解释和预测权利与依赖关系，其局限性在于缺乏解释交换行为的具体机制，不能解释具体的交换行为（和结构主义的局限性一样）。最后，Emerson 和 Willer 是网络交换理论的主要代表人物，他们将马克思与韦伯关于权力和支配的思想作为理论基础，从结构与涌现的研究视角出发，以网络中的策略理性人为

理论假设，重点关注了交换网络的机构与关系，涉及的主要范围是解释和预测资源的分配，其局限性在于忽视了行动者及其之间的实际关系，存在固有的还原论倾向且研究网络规模较小。

表 2-3　社会交换理论之比较

理论	理论来源	研究视角	理论假设	关注重点	解释范围	研究局限性	代表学者
行为主义交换理论	斯金纳的个体主义心理学思想	个体还原论	参数理性人	交换行为的心理因素	用个体的心理解释交换活动	忽视社会因素及宏观结构对个体活动的限制，对社会群体与社会结构的解释力有限	Homans
结构主义交换理论	经济学的功能主义与社会学的结构主义	整体还原论	结构中的理性人	社会交换的结构基础	用交换的宏观结构解释人类行为	缺乏解释交换行为的具体机制，不能解释具体的交换行为	Blau
认知交换理论	认知心理学	依赖关系	依赖关系中的策略理性人	权力与依赖关系	解释和预测权利与依赖关系	忽视行动者；理论假设基于对两人互动的分析，难以应用于群体交换的解释	Kelley
网络交换理论	马克思与韦伯关于权力和支配的思想	结构与涌现	网络中的策略理性人	交换网络的结构与关系	解释和预测资源的分配	忽视行动者及其之间的实际关系；存在固有的还原论倾向；研究网络规模较小	Emerson 和 Willer

2.4 社会认知理论

2.4.1 社会认知理论的起源与发展

Bandura（1986）将认知成分加入到传统的行为主义人格理论中，重点研究人的主观意识，形成了社会认知理论（Social Cognitive Theory）。社会认知理论的理论框架是个体、行为和环境动态交互的三元互惠模型，主要内容包括观察学习观；动机系统的自我调节机制（个体自我生成）、诱因动机因素（直接）、替代性动机因素（间接）；以及自我效能观。

国外学者对社会认知理论的理论模型和应用领域进行了拓展研究。Schunk 和 Dale（1999）在三元交互决定论（Bandura，1986）和自我调节发展阶段（Schunk 和 Zimmerman，1997）的基础上，提出了成就情境中的社会—自我互动模型，强调三元交互和自我调节，研究了社会因素（环境变量）、自我影响（个人变量）和成就结果（行为）三个变量的相互作用，其中社会因素包括榜样、指导和反馈；自我影响包括目标、自我效能、结果期待、归因和自我评估；成就结果包括目标进展、动机和学习，相互影响的方向和强度因技能的水平和自我调节发展阶段的不同而不同，三个因素交互作用。Malone（2001）提出了员工自我效能感对组织变革有促进作用，员工通过自我思考、掌握经验、建立模型、社会信仰和生理状态五种方法来增强自我效能感。此外，社会认知理论在信息系统的使用行为方面得到了应用，例如，自我效能感对计算机技能获取行为（Compeau 等，1999；Reed 等，2005）和互联网使用行为（Larose 和 Eastin，2004）有重要影响；在知识管理领域，自我效能感能促进知识共享行为（Hsu 等，2007；Svetlik 等，2007）。

朱阁等（2010）根据社会认知理论提出了基于自我效能感的价值接受度的用户接受度模型，证实了自我效能感影响了客户感知价值。代宝和刘业政（2015）引入心理学领域的人格五因素模型（FFM，Five-Factor Model），包括外向性、随和性、尽责性、情绪稳定性、经验开放性五种人格类型，同时配合社会认知理论来探讨人格特质对 SNS 用户内容生成行为的影响，最后指出社会认知理论虽然强调了个体认知因素（自我效能和结果期望）对行为的影响，但未考虑更基础的个人性格因素对行为产生的影响。肖皓文（2017）表示，社会认知理论的优势在于它将多个要素统一成一个完整的模型，实证了个体认知心理、环境因素对行为的影响，能够较好地解释个体的行为。

2.4.2　社会认知理论的理论框架

社会认知理论的理论框架是三元交互决定论，其主要内容是个体、社会环境与行为动态交互（Banduar，1986），其理论模型如图 2-2 所示。在三元交互决定论之前，学者们一直认为个体的行动由内部因素和外部环境因素共同决定，主张个人决定论和环境决定论。班杜拉提出的三元交互决定论认为个体、社会环境与行为都作为决定因素相互作用。首先，在个体和行为之间的交互关系中，人的主体诸如信念、动机、目标、意向、情绪等因素影响着个体行为，行为输出的外部结果可促使个体的自我审视；其次，环境和行为之间的互动表明环境这一外部因素控制着行为选择，而行为也会有意识地改变环境去满足自身需求；最后，人与环境的动态关系表明环境影响了个体人格特征的形成，个体人格特征受到环境的影响而进行调整，同时也会影响周边环境。因为个体行为受到主体认知和社会环境的影响，所以社会认知理论可以帮助分析并预测个体的行为发生与行为特征，这适用于深入探析员工创新行为的选择过程。

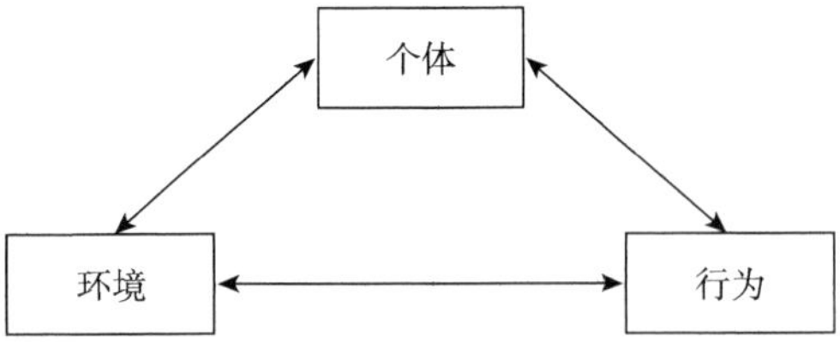

图 2-2 社会认知理论模型图

社会认知理论认为个体行为受到主体认知和社会环境的影响，特定的环境是在特定的文化中形成的。对于企业而言也是如此，员工行为不可避免会受到所处环境的影响，尤其是员工所感知到的企业文化，会作用于他们的行为。基于社会认知理论，本书将企业文化作为企业创新绩效的前值变量进行研究。

2.4.3 社会认知理论的主要观点

1. 观察学习

班杜拉提出了观察学习的观点，认为人的行为和技能的形成，最初一定是对各行为领域内的个体先驱亲历学习，行为和技能被一定范围的个体习得后，会逐渐转化为普遍的经验，从而其他个体可通过榜样的示范过程来开展行动或获得技能。除基本的反射之外，个体的行为并不是先天得来的。

观察学习也称示范作用过程，包括观察主体和观察对象，观察主体称为观察者，观察对象称为榜样和示范者，观察者通过对榜样的观察从而影响到自身的过程称为示范作用。此外，班杜拉对于观察产生学习的原因进行了阐释，“观察之所以能产生学习，主要是通过观察者对在观察活动中所获得的有关示范行为的信息进行认知加工，从而形成示范行为的符号表征，这些表征以心象的形式或语义的形式被编码，并储存在记忆中，在适当的条件刺激下，就成为观察者表现这一行为的内部指南”。

2. 动机系统

班杜拉认为个体动机系统包括了自我调节机制（自我生成诱因）、诱因动机因素（直接诱因）和替代性动机因素（间接诱因）。第一，自我调节机制指观察者对示范行为的自我反应，是个体对自己行为通过计划和预期的激励、调控和指导。广义来说，三元交互决定论中的个体因素的主导作用即自我调节机制；狭义上是自我设定的行为目标及实际行为中的自我观察、自我评价基础上的自我反馈系统。自我调节机制的自我反馈系统使个体进行反思和评价，并能进一步改变行为，促进了个体与行为之间交互作用的形成。第二，诱因动机是示范个体直接体验到的结果。例如，给予示范行为奖励性结果，该奖赏性会激发观察者去表现这一示范行为，是从自身的直接经验中获益。第三，替代性动机因素是对观察者而言，示范者的示范行为所表现的结果，是通过观察别人的行为及行为后果来获取经验的方式。也正是得益于他人的经验，人类的发展进程得以加速。

3. 自我效能

自我效能理论上指个体执行某种目标活动所表现出来的能力，是对自我能否达到某种行为能力的判断或主体的自我把握与感受，是个体对某一活动任务的胜任感及自信和自尊方面的感受。在实践中，自我效能是潜在的主观因素，出自主体的感受并对行为产生影响。

班杜拉认为自我效能是对行为极具影响力的主观信念，当个体知道了行为带来的结果时不会直接行动，首先会受到自我效能感的调节，这对个体行为有主导作用。个体自我效能感源自面临某一任务时的心身状态、言语说服、亲身获得的成功经验及替代性经验。

自我效能感的作用机制，主要是通过选择、思维、身心反应和动机的中介作用对个体行为产生影响。依据三元交互决定论，选择的中介作用，体现在个体对行为活动、环境的选择，取决于个体对该行为活动的知识要求和所需技能的自我效能感以及对环境的自我效能感，而对行为和环境的选择又会影响个体的人格特征。个体对行为目标的预设、对行动成败结果的想象和对成败的归因及方式等思维过程，在自我效能感对行为的促进和阻碍过程中发挥中介作用。自我效能感在思维过程中发挥中介作用的同时也会受到动机的影响，例如个体成就动机水平对目标预设的影响。心身反应在个体面临厌恶型情景条件时的作用更加明显，“自我效能感决定了个体的应激状态、焦虑反应和抑郁程度等心身反应过程，这些情绪反应又通过改变思维过程的性质从而影响到个体的行为及其功能的发挥”。个体若对情景的应对效应感强，则会较少在应对环境时产生焦虑等不良身心反应；反之，个体会选择保护性的退缩等行为。

第3章　企业创新文化与环境的不确定性

3.1　企业文化相关研究

3.1.1　企业文化的内涵与主要类型

1. 企业文化的内涵

企业文化是一个重要的企业管理概念，学者们分别从构成要素和价值观念两个角度对企业文化的内涵进行了阐释。

从构成要素角度来看，企业文化是由企业全体员工共同拥有且认可的组织目标、价值理念、行为规范和模式等要素组成的集合体（卢美月，2002；贾建峰等，2016；Posuwan，2019），其在长期的实践中形成并具有本企业的特色（赵玉清，2019；Denison，1984）。例如，Deal 和 Kennedy（1982）认为企业文化包括企业环境、价值观、英雄人物、仪式与礼仪和文化网络五个关键部分，它是一种精神力量，能够规范员工的行为并影响管理实践。刘光明（2008）指出企业文化是盈利组织从事经营活动中形成的一种精神文化和制度文化，被企业家和员工共同认可和遵守。黄容生（2010）则强调企业文化由领导、员工、顾客和社会共同作用而形成的八要素构成，包括员工导向、顾客导向、学习与创新、组织认同、团队合作、使命与愿景、规范管理和社会责任。

从价值观念角度来看，企业文化包括价值观层面的企业精神、思维方式和行为方式。企业文化是企业核心价值观的集中体现，是企业赖以生存的原则（Peters 和 Waterman，1982），是企业全体员工共同拥有的价值体系，表现为企业价值、行为规范、企业形象及信仰等，在企业长期的生产经营活动中逐渐形成（李春燕，2016）。显然，企业文化可以概括为企业成员普遍认同的一系列彼此依存的价值观念和行为准则（Heskett 和 Kotter，1992；王闪闪，2013；Mohelska 和 Sokolova，2015），它是以企业的价值观为核心（欧阳雪倩，2018），并与企业的管理模式、管理方法密切联系的文化体系（陈春花，2011）。

综上，尽管学者们对企业文化的界定并不一致，但都认同企业文化包含组织的基本信念与价值观念，指导着组织成员的行为方式。本文整理了部分具有代表性的企业文化定义，如表 3-1 所示。

表 3-1　企业文化的代表性定义

代表性定义	学者
企业文化以组织成员崇奉的价值观为核心，包括组织全体成员公认的、非书面化的行为准则及使价值观得以强化的习俗和仪式等	Deal 和 Kennedy（1982）
企业文化是一系列彼此依存的价值观念与行为方式，表现为组织中全体成员一致的共性	Kotter 和 Heskett（1992）
企业文化是企业的一种基本精神，包含员工共有的价值观和行为准则	陈春花（1999）
企业文化是大多数员工共同遵守的价值观、信念和行为规范所形成的总和，形成于企业长期发展中	张德和王玉芹（2007）
企业文化是一系列行为模式和思维模式，在企业长期发展实践中形成，由成员普遍认可和遵守	王闪闪（2013）
企业文化是企业在长时间的管理实践中产生的，为全体组织成员所认同和遵守并有助于组织目标实现的企业价值观、管理方式和行为规范的总和	李荣（2017）
企业文化是企业在长期经营活动中形成的以价值观为核心的一系列理念体系，以及在此基础上表现出的具体行为和实践	欧阳雪倩（2018）

资料来源：作者根据文献整理所得

2. 企业文化的构成和结构

学者们围绕企业文化的构成进行了广泛的研究，形成了三种比较公认的企业文化结构模型，即：睡莲模型、冰山模型和同心圆模型。

（1）企业文化睡莲模型。

睡莲模型（Water Lily Model）由英国学者爱伦·威廉（Allan Williams）、鲍·德尔森（Paul Dobson）和迈克·沃德斯（Mike Walters）提出，他们认为企业文化的构成和结构可以通过睡莲来表示，如图 3-1 所示。睡莲模型将企业文化分为三个部分：水面上的花和叶是企业文化的外显形式，是可以观察到的具体行为；中间的枝梗是企业公开倡导的价值观、行为规范等；最下面的根则是潜在的信念，决定着企业成员的行为、工作态度和价值观。因此，企业成员的信念是企业文化的核心因素。如果变革企业文化，就必须改变企业成员的信念。企业文化睡莲模型如图 3-1 所示。

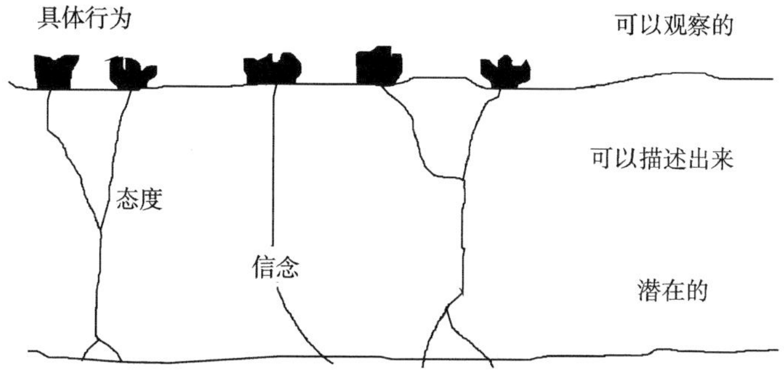

图 3-1　企业文化睡莲模型

引自：变革文化，英国伦敦人力资源管理学院出版社，1998 年，第 12 页

（2）企业文化冰山模型。

冰山模型由美国学者帕米拉·路易斯（Pamela · S. Lewies）、斯蒂芬·古德曼（Stephen · H. Goodman）和波特利西亚·范德特（Patricia · M. Fandt）设计，将企业文化的构成用冰山来表示，如图 3-2

所示。冰山模型认为企业文化有两种基本的构成成分：冰山表面看得见的部分为具体行为，是企业文化的外在构成因素；看不见的部分是支持这些具体行为的更深层次的内容，包括企业员工内心的观念、共有价值观、宗旨和行为标准。企业文化冰山模型如图 3-2 所示。

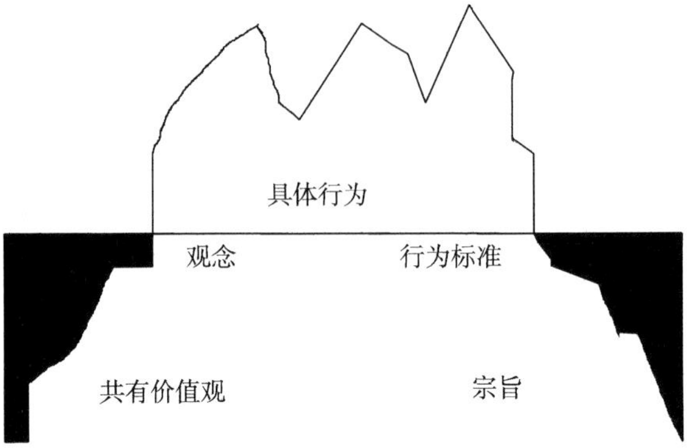

图 3-2 企业文化冰山模型

引自：企业管理：21 世纪的挑战，美国辛辛纳提亚南学院出版社，1998 年，第 372 页

（3）企业文化同心圆模型。

同心圆模型由加拿大学者伯歌 · 纽豪热（Peg · G. Neuhauser）、佩 · 本德（Pay Bender）、科可 · 斯特姆斯伯格（Kirk · L. Stromsberg）提出，他们将企业文化的构成用三个同心圆表示，如图 3-3 所示。企业文化包含三个层次：核心层是企业的共有观念和核心价值观；中间层是企业的具体行为和习惯，即做事的方式；最外层是最简单易见的标识、文字等。其中，核心层最为稳定，中间层和最外层会随着环境和企业战略的转变而发生变动。企业文化同心圆模型如图 3-3 所示。

综上，企业文化的构成可以分为内外两个部分。内部组成部分为精神层次和制度规范层次，体现企业的核心价值观、信念以及行为规范、规章制度等，决定整个企业文化的本质和方向；外部组成部分则是行为层次和物质层次，包含的内容主要是具体行为、标识文字等。

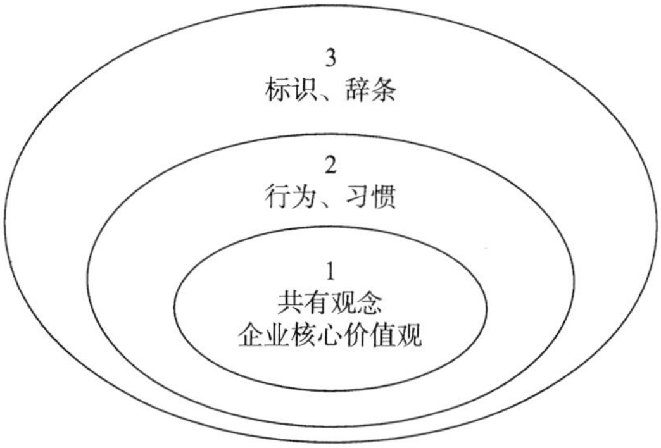

图 3-3　企业文化同心圆模型

引自：网络文化，加拿大约翰·威利出版公司，2000 年，第 5 页

3. 企业文化的主要类型

学者们从不同研究角度对企业文化进行了分类，其中 Cameron（1985）、郑清祥（1991）的划分具有广泛的代表性。其划分标准为企业对环境的重视程度和企业内部的管理特征两个方面（即企业的焦点指向内部或外部、强调弹性或控制两个维度），将企业文化划分为：创新型文化、支持型文化、官僚型文化和效率型文化，如图 3-4 所示。每种文化都有各自的内涵和特点，具体阐述如下：

（1）创新型文化指一个企业对待创新的意愿和开放程度，是企业在创新方面的组织导向（Hurt 等，1977；Li 和 Lee，2015）。以创新型文化为导向的企业工作环境十分开放，鼓励员工进行创新和挑战，同时企业中具有高度支持和信任、尊重员工的独特性，容许冒险和错误，能够接受重大变革。

（2）支持型文化是一种重视企业员工参与和团队精神，以弹性管理为导向的企业文化。以支持型文化为导向的企业对环境的不确定性认知程度较高，组织结构化程度较低，工作环境开放和谐，员工之间以及员工与管理者之间高度信任、互相支持，并具备良好的沟通。

（3）官僚型文化是建立在统一指挥的基础上，强调支持合作、传统和随之对应的政策，特别关注内部环境稳定的一种文化类型。其以等级、权威和自上而下的联系方式为特点，组织层级结构与权责划分十分明确。企业员工大多从事标准化、固定化的工作，行事态度较为审慎保守，倾向于规避风险且拒绝重大变革，缺乏灵活性和创新精神。

（4）效率型文化是一种重视外部环境、强调控制的企业文化。具有这种类型文化的企业会非常重视成本及绩效的控制，强调竞争和市场占有率。同时，企业讲究工作效率，倾向于根据风险与收益的权衡结果行事，经常冒大风险，并能接受较大的变革。

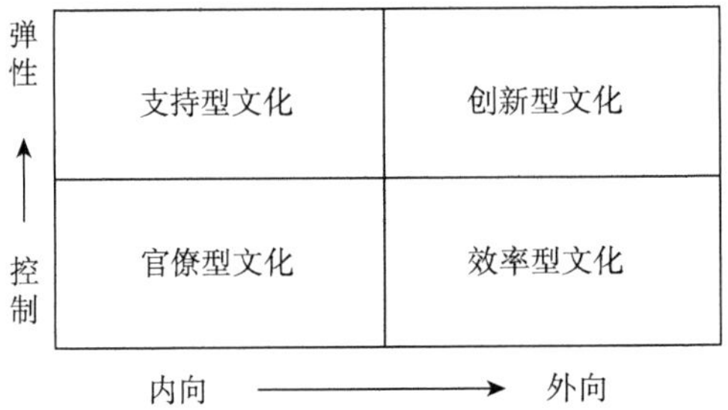

图 3-4　企业文化类型架构

3.1.2　创新文化及其作用

1. 创新文化的内涵

关于创新文化的内涵，学者们根据研究需要分别从四个视角进行了阐述。

第一，从行为视角来看，创新文化是以培育创新思想为目的的一种行为模式（Fons Boronat 和 José Manuel，1992）。企业所有成员具有的与企业创新活动有关的具有代表性的思维方式以及在这些思维方式指导下的行为方式的集合都属于创新文化（王曼，2010）。

第二，从环境氛围视角出发，创新文化是一种有利于激发、培育并鼓励创新的文化环境。无论是技术创新、知识创新，还是制度创新、组织创新，都需要有相应的机制体系和文化环境。支持创新的文化鼓励和欣赏创造力、冒险、自由、团队合作、寻求价值和以解决问题为导向的行为，其核心是激励探索、包容个性、宽容失败，能够激励人们去创新并对快速变化的环境和突发情况等做出迅速反应（Padilha 和 Gomes，2016；杜跃平和王开盛，2007；Thornberry 和 Dvpgressman，2003）。

第三，从价值观视角来讲，创新文化是企业内部的一套公认的价值观和信念。它以鼓励创新、容忍失败为核心价值观，以有利于创新的组织结构和制度为价值观体系实现的保障和推动力，可以有效激发企业的创新思想、创新行为以及创新活动的产生，有利于探索新的机会，发展创新（许庆瑞等，2004；Sattayaraksa 和 Boon-Itt，2016）。

最后，基于综合视角，创新文化是指在一定的社会历史条件下，企业在创新及创新管理活动中所创造和形成的具有本企业特色的创新精神财富以及创新物质形态的综合，包括创新价值观、创新准则、创新制度规范、创新物质文化环境等（宋培林，2000；刘焕荣等，2001；史继才，2017）。创新文化的本质是促进并保障创新活动的顺利进行，这种促进作用体现在企业环境和制度中（王婧，2018），是有利于内在精神和外在表现相融合的合体（梁冰倩和顾琴轩，2016，葛宝山等，2016）。

2. 创新文化的构成

关于创新文化的结构层次，学者们仁者见仁，智者见智，提出了诸多有益的观点。例如，部分学者认为创新文化包括内在价值和外在行为制度两个维度（水常青和许庆瑞，2005；Claver 等，1998）；另一部分学者指出创新文化涵盖环境条件、制度行为、价值理念三个层次，其中价值观层次是非物质的、不可视的，而制度和环境层较易识别，包括行为规范、薪酬体系等（孙建国等，2005；张炜等，2010）；还有个别学者从外显到内化将创新文化依次细分为创新环境文化、创新物质文化、创新行为文化、创新制度文化和创新精神文化（宋培林，2000）。尽管对创新文化的层次划分观点不同，但学者们都将创新价值观或者创新观念作为创新文化的核心层（杨刚和谢懿，2019）。

因此，创新文化可以分为外在构成要素和内在构成要素两个部分。其中，外在构成要素反映了与企业创新活动有关的具有代表性的行为方式，内在构成要素则包括鼓励创新、容忍失败的价值观、信仰、规范等。同时，内在构成要素的变化会在某种程度上引起个体成员价值观的变化，进而成为个体成员行为的一种潜意识规范，最终影响文化的外在构成要素。

3. 创新文化对企业创新及其绩效的影响

创新文化可以直接或间接促进企业创新绩效。创新文化为创新提供了孕育的土壤，使企业创新具备了更加有效的“软”保护和更有利的“软”环境，为创新战略提供更本质、更深沉、更持久的力量（覃世利等，2019），从而帮助企业持续提升创新绩效，并在激烈的竞争环境中赢得竞争优势。

一方面，企业创新文化能够对企业创新及其绩效产生直接作用（Kalay 和 Lynn，2015；张炜等，2010；朱兵等，2010；赖然，2014）。首先，创新文化是企业创新的重要驱动力，企业要实现创新，就必须具有共同的信念和理解（Fiordelisi 等，2019；孙林杰，2004；Minh 和 Hjortsø，2015）。创新文化包含团队合作、寻求创新、创新激励、风险承担、员工约束以及鼓励创新思维等要素（Menor 和 Roth，2010；De Jong 等，2003），与其他类型文化相比，能更有效地激发创新并提升绩效（Naranjo-Valencia 等，2016）。其次，创新文化能够促进企业技术创新。孙爱英等（2006）指出革新型文化氛围下企业愿意承受较大的环境压力且会在环境的压力下寻求技术创新。最后，创新文化能够提高员工的工作热情与个体创造能力。在创新氛围十分浓厚的环境下，员工更乐意探索创新想法，并迅速地将想法付诸实践（李佳宾和汤淑琴，2017），以创新学习为导向的企业文化能够显著促进企业员工的创新行为（朱苏丽和龙立荣，2010）。

另一方面，诸多研究对企业创新文化的调节作用进行了详细讨论。首先，创新文化能够调节供应商创新和产品创新绩效、竞争对手创新与产品创新绩效间的关系。王炳成等（2016）以212份家电制造业的有效问卷为样本，检验了产品创新源泉和企业文化对产品创新绩效的影响，并证实创新型文化在供应商创新与产品创新绩效、竞争对手创新与产品创新绩效间起正向调节作用。其次，创新文化也能调节企业内部薪酬公平对技术创新绩效的影响。李瑛（2019）基于2013—2016年我国中小型制造行业上市公司数据，实证研究发现企业内部薪酬公平对技术创新绩效存在显著正向影响且创新文化显著负向调节这一影响。最后，创新文化还能够调节外部召唤与创新行为、亲社会性与创新行为（刘瑞琴，2019）、内部创新网络与创新绩效间的关系（贾璐斑，2018）等。

此外，创新文化还可以通过中介变量促进企业创新及其绩效。创新文化可以通过组织学习间接影响企业创新绩效（Blazevic 和 Lievens，2004；何含兵等，2010；王婧，2018）。例如，朱兵等（2010）对企业文化、组织学习和创新绩效的关系进行实证研究，将组织学习分为探索式学习和利用式学习两个维度，结论表明创新型企业文化不仅对企业创新绩效有显著的直接影响，同时可以通过探索式学习对企业创新绩效产生显著的间接影响。另外，创新文化还可以通过情感承诺间接影响员工的创新行为（赖然，2014），通过企业技术创新能力促进创新绩效（吴爱华和苏敬勤，2014）。

因此，企业需要重视创新文化，构建适合自身情况的创新文化体系，激发员工的创造潜能，进而提升企业绩效。

3.2 环境不确定性的相关研究

3.2.1 环境不确定性的内涵

外部环境是企业生存和发展的重要因素，对企业的管理决策有着不可忽视的影响（瞿孙平等，2016），其最主要的特性就是不确定性（Duncan，1972；李召敏和赵曙明，2016）。关于环境不确定性的内涵，学者们根据研究需要分别从以下两个方面进行了阐述。

一方面是依据外部客观环境描述环境不确定性。即在决策过程中，由于缺乏与决策相关的外在环境信息，导致企业不能对所处外部环境的发展状态进行清晰描述和对未来变化趋势进行准确判断，这种状态就是环境不确定性（Duncan，1972）。环境不确定性体现企业所在行业的技术与市场变化的速度及强度（瞿孙平等，2016），通常伴随着高风险、高模糊性以及缺乏信息的特征（Huang 等，2019），可以通过对企业的环境维度衡量来确定其环境不确定性水平（李姝和高山行，2014）。

另一方面是侧重于对外在环境的主观感知。即环境不确定性是管理者个人能力有限等因素导致其所感知的环境不可预测性（Milliken，1987；Phua，2007，李召敏和赵曙明，2016），强调感知环境不确定性比客观环境不确定性更重要。在相同的客观环境中，个体不同，产生的感知结果不同，只有当管理人员认为客观环境重要时，他们才会采取相应的行动去应对。例如，在企业进行创新的时候，所有的员工不能清晰地感知企业未来的变化和市场的变化，就属于环境不确定性的体现（蒋军锋等，2015）。

综上，在分析环境不确定性时，要综合考虑环境的客观性和人的主观性（王益谊等，2005）。由于信息或能力的不足，企业管理者不能对外部环境进行清晰正确的描述和判断都属于环境不确定性。前者意味着我们有可能根据客观不确定性的实际来刻画环境；后者意味着环境的不确定性是一种目睹者眼中的知觉现象（Huber 等，1975）。但无论是客观的环境内容还是管理者对于环境的主观感知，均会对企业的决策行为产生直接作用（Qian 等，2013；袁建国等，2015）。

3.2.2　环境不确定性的维度划分和测量

1. 环境不确定性的维度划分

环境不确定性是一个多维的概念，学者们通常根据环境特性和环境内容对环境不确定性的具体维度进行划分。

一方面，依据环境特性可将环境不确定性划分为复杂性和动态性。其中，环境复杂性是指企业在外部环境中所面临的外部利益相关者的数量及差异程度（Meznar 和 Nigh，1995）；环境动态性是指环境变化速率的大小及环境变化的难以预测性程度（Jaworski 和 Kohli，1993；彭灿等，2018；李柏洲和夏文飞，2019）。此外，刘娴等（2013）在前人的基础上还增加了敌对性维度，即环境对组织生存与发展的支持程度，包括资源的稀缺程度和资源竞争的激烈程度（Tan 和 Litschert，1994），外部环境的敌对性程度越高，则组织越可能缺乏对关键资源的控制（王凯和武立东，2016）。

另一方面，依据环境内容可将环境不确定性划分为技术不确定性、需求不确定性和竞争强度等。其中，技术不确定性是指行业内技术环境的变化速度和不可预测性（王永贵和刘菲，2019；陈彪和卢珊，2019），例如，具有突破性的软件的突然出现就属于技术不确定性。需求不确定性是指客户构成和客户偏好的变化程度，表现为消费者的潜在需求不断地发生变化并且很难被预测。竞争强度是指企业所面临的竞争环境的动荡程度，可反映竞争的激烈程度、竞争对手的数量和实力等。此外，焦豪等（2007）强调政府政策的制定和更改能够极大地影响企业的经营活动，因此政策不确定性也是环境不确定性的重要组成部分。

关于环境不确定性的维度划分，部分代表性观点如表 3-2 所示。

表 3-2　环境不确定性的维度划分

划分依据	分类	学者
环境特性	复杂性、动态性	Duncan（1972）
	复杂性、变化性、不可预测性	
	感知环境重要性	王益谊等（2005）
	复杂性、敌对性、动荡性	刘娴等（2013）
环境内容	技术不确定性、顾客不确定性、竞争不确定性、资源不确定性	Clark（1985）
	市场不确定性、竞争强度、技术不确定性	Jaworski 和 Kohli（1993）
	技术不确定性、需求不确定性、政策不确定性、竞争强度	焦豪等（2007）
	市场动荡性、需求不确定性、竞争强度	杨智等（2010）
	需求不确定性、技术不确定性、竞争强度	李妹和高山行（2014）
	市场不确定性、技术不确定性	白元龙和赵仁康（2017）；陈彪和卢珊（2019）
	技术不确定性、需求不确定性	Chen 等（2019）

资料来源：作者根据文献整理所得

2. 环境不确定性的测量

本书依据环境内容的不同，将环境不确定性划分为需求不确定性、竞争强度和技术不确定性三个维度。关于环境不确定性的测量，具体阐述如下：

（1）需求不确定性的测量。

对于需求不确定性的测量，Jaworski 和 Kohli（1993）从客户需求变化、市场预测难度、顾客求新三方面制定了三个测量题项：“客户对产品的需求和喜好在不断发生变化”“市场的变化很难预测”及“客户总是在寻找新的产品”。之后的研究大多基于 Jaworski 和 Kohli（1993）的研究进行补充和完善。例如，陈逢文和冯媛（2019）从顾客偏好变化速度、顾客求新、顾客价格敏感度、新老客户需求差异程度、市场预测难度五个方面制定了六个测量题项。陈彪和卢珊（2019）进一步补充“客户需求的规模和结构难以预测”这一测量题项。

（2）竞争强度的测量。

Jaworski 和 Kohli（1993）最早提出竞争强度的测量方法，包括整体竞争、竞争者行为、竞争者资源和竞争者能力四个方面。之后的学者大都在此基础上进行了一定的调整，如吴晓波等（2010）、奉小斌（2016）、魏泽龙和宋茜（2018）等。而杨智等（2010）则进一步解释了竞争强度在服务行业中的特征，将其调整为服务或产品的同质性、更新速度、竞争策略和竞争激励的程度四个题项。此外，也有学者将竞争强度用单一题项进行测度，如杨慧军和杨建君（2015）在研究领导风格、技术创新和竞争强度三者的交互作用对企业绩效的影响时用行业垄断程度代表竞争强度。

（3）技术不确定性的测量。

Jaworski 和 Kohli（1993）首先从行业技术变化速度、技术发展成果（新产品）和技术发展的难预测性三个方面对技术不确定性进行测量。Kim 等（2016）进一步补充技术变化带来大量新机会这一测量题项。赵红和杨震宁（2017）另辟蹊径，主张从核心技术发展速度、研发投资成本、先前的技术积累、企业间竞争激烈、技术创新成果可以通过技术秘密等手段保护五个方面测量技术不确定性。贺志武等（2018）则强调从技术新度、技术发展的不确定性和技术效果的不确定性三个方面进行测量。此外，陈彪和卢珊（2019）认为应从技术变化速度、技术变化创造了大量机会、技术淘汰率、创意产品主要是通过技术突破实现这四个方面测量技术不确定性。

关于环境不确定性的测量，部分代表性研究如表 3-3 所示。

表 3-3 环境不确定性的测量

环境不确定性维度	测量题项	学者
需求不确定性	顾客需求变化速度、市场难以预测、顾客求新	Jaworski 和 Kohli（1993）
	顾客对产品的忠诚度变化速度、顾客需求变化速度、顾客求新	李妹和高山行（2014）
	客户需求和偏好变化速度、顾客求新、市场难以预测	邓昕才等（2017）
	顾客偏好变化程度、顾客求新、顾客价格敏感程度、新老客户需求差异程度、市场预测难度	陈逢文和冯媛（2019）
	市场竞争难以预测、客户需求和偏好难以预测、客户需求的规模和结构难以预测、新老顾客需求有较大差异	陈彪和卢珊（2019）
竞争强度	整体竞争、竞争者行为、竞争者资源、竞争者能力	Jaworski 和 Kohli（1993）
	产品替代难易程度、新竞争产品出现速度、产品淘汰速度、产品技术变革速度	Tang（2006）
	整体竞争、价格竞争、竞争者行为	吴晓波等（2010）
	服务或产品的同质性、更新速度、竞争策略、竞争激励的程度	杨智等（2010）
	行业垄断程度	杨慧军和杨建君（2015）
	竞争激烈程度	李炎炎等（2016）
	价格竞争程度、同质化程度	孙冰等（2017）
	营销投入、市场盈利、市场份额、市场空间	黄训江（2017）
	行业竞争、价格竞争、新竞争者进入、竞争者模仿	彭正龙等（2017）
	产品同质化、价格竞争、竞争者行为	魏泽龙和宋茜（2018）

续表

环境不确定性维度	测量题项	学者
技术不确定性	技术变化速度、技术发展成果（新产品）、技术发展的难预测性	Jaworski 和 Kohli（1993）
	技术变革速度、产品更新换代速度、新产品是通过技术突破实现	李妹和高山行（2014）
	技术变革速度、技术变化成果（新机会、新产品）	Kim 等（2016）
	核心技术发展速度、研发投资成本、先前的技术积累、企业间竞争激烈、技术创新成果可以通过技术秘密等手段保护	赵红和杨震宁（2017）
	技术新度、技术发展的不确定性、技术效果的不确定性	贺志武等（2018）
	技术变化速度、技术变化创造了大量机会、技术淘汰率、创意产品主要是通过技术突破实现	陈彪和卢珊（2019）
	行业技术发展速度、技术可预测性、技术发展成果、技术主导新产品开发、技术变化频率	陈逢文和冯媛（2019）

资料来源：作者根据文献整理所得

3.2.3　环境不确定性对企业创新及其绩效的影响

企业创新活动无法在真空中进行，必须对环境做出反应（袁建国等，2015）。不同维度的环境不确定性本质特征不同，对企业创新及其绩效的影响不同，因此，本部分分别梳理了需求不确定性、竞争强度和技术不确定性三个维度对企业创新及其绩效的影响。

1. 需求不确定性与企业创新

需求不确定性反映了顾客求新求异、需求变化的多样性、顾客组成差异性等，对企业创新具有重要影响。关于需求不确定性与企业创新之间关系的研究，大致可以分为两类。

一类是探讨需求不确定性对企业创新及其绩效的直接影响。部分学者指出需求不确定性能够促进企业创新。因为需求不确定性较高意味着企业顾客组成和偏好易变，企业以往产品难以满足消费者，会迫使企业不断改进现有产品或开发新产品以满足客户需求，企业面临较大的创新压力，创新水平也会增强（Freel，2005；陈彪和卢珊，2019；赵红和杨震宁，2017）。也有部分学者认为需求不确定性对企业创新具有消极影响。当需求不确定性较高时，企业识别顾客需求并转化为创新的难度增加，若企业不愿承担巨额的研发经费，将减少产品和工艺的渐进性技术创新或采取一些非探索性的反应，会降低创新速度，对创新绩效的提升产生负面影响（潘琼等，2015；郭克锋，2015；Wiersema 和 Bantel，1993）。

另一类则研究需求不确定性对企业创新及其绩效的调节效应。首先，需求不确定性正向调节技术学习与突破性创新之间的关系。当市场不确定性越高的时候，企业面临的竞争压力越大，企业必须学习新技术，开展突破性创新来保护自身地位（李文亮和赵息，2016）。其次，需求不确定性正向调节知识搜索与创新绩效之间的关系。在需求不确定程度较高的环境中，企业会扩大知识搜索的宽度和深度，获得更多创新所需的异质性知识并识别消费者的需求变化，提升企业的技术创新能力和创新绩效（瞿孙平，2016）。最后，需求不确定性在信任和创新绩效的关系中起调节作用。王永贵和刘菲（2019）以 B2B 为背景进行实证研究发现需求不确定性对信任和创新绩效的倒 U 型关系起正向调节作用。

2. 竞争强度与企业创新

竞争强度经常被视为调整企业状态和行为的情景变量，影响着企业的创新。竞争强度越高，行业集中度越高（Wiersema 和 Bantel，1993），消费者的产品选择越多，企业长期依靠同质化产品获取利润的状况被打破，需要调整其行为以获得竞争优势。

一方面，竞争强度对企业创新及其绩效有直接影响。张杰等（2014）基于中国国情对竞争和创新之间的关系进行研究，发现竞争可以促进中国企业进行创新研发活动。黄训江（2017）则基于我国通信设备制造业的微观数据，研究发现竞争强度（营销投入、市场盈利、市场份额和市场空间）和企业的创新绩效之间呈现出倒 U 型关系。此外，Tang（2006）则将竞争强度分为产品替代难易程度、新竞争产品出现速度、产品淘汰速度、产品技术变革速度四个维度，发现产品替代难易程度对企业的产品创新产出和流程创新产出均存在负向影响。

另一方面，竞争强度对企业创新及其绩效具有调节作用。首先，外部环境的竞争强度越高，企业正式制度资本对新产品创新程度的促进作用越强（高山行等，2018），领先搜索与产品创新绩效关系越弱而跟随搜索与产品创新绩效关系越强（奉小斌，2016），企业家社会网络的异质性和联结强度对商业模式创新的影响越强（孙永磊等，2019）。其次，竞争强度可以通过与领导风格的协同作用共同调节技术创新产生绩效的过程（杨慧军和杨建君，2015），还可以与管理者解释联合调节跟随搜索与产品创新绩效的关系（奉小斌，2016）。最后，吴航和陈劲（2018）基于对 227 家制造企业的问卷调查，把竞争强度分为内部竞争强度和外部竞争强度，实证结果表明内部竞争强度负向调节国际化双元与创新绩效的关系，而外部竞争强度正向调节这一关系。

3. 技术不确定性与企业创新

技术不确定性影响企业的创新及其绩效。随着技术更新换代的加快，企业面临的外部技术环境表现出越来越高的不确定性，技术与产品的生命周期缩短，原有技术贬值，企业依靠原有技术难以建立竞争优势。因此，企业需要运用新技术和利用外部的技术来提高自己的竞争实力，即企业需要持续快速创新才能获取竞争优势。

一方面，技术不确定性能够直接影响企业创新及其绩效。当企业面临逐渐增加的技术不确定性时，会倾向于追求更加主动的和竞争性的战略，即技术不确定性的增强会迫使企业通过创新来保护自身的市场地位（Lawrence 和 Lorsh，1967；Freel，2005）。陈彪和卢珊（2019）进一步指出，由于新创企业受利益相关者的关注度低，缺乏相关的市场和技术知识，模仿其他企业产品的难度较大，且资源比较匮乏，因此技术不确定性增强同样会迫使新创企业采取产品创新战略。李妹和高山行（2014）则将创新分为原始性创新、渐进式创新与突破式创新，研究表明技术不确定性与企业原始性创新、突破式创新之间存在正向关系，与渐进式创新之间存在负向关系。

另一方面，技术不确定性具有调节作用。瞿孙平（2016）探究了技术不确定性对吸收能力与创新绩效之间关系的调节效应。不确定性较高的环境会激发企业创新的动力，进而提高研发投入强度，增强企业的吸收能力，最后达到提高创新绩效的效果。李文亮和赵息（2016）则利用168家高新技术企业的数据进行实证研究发现，技术不确定性正向调节外部学习与突破性创新的关系。

第4章　企业服务创新及其绩效的相关研究

4.1　企业服务创新的内涵及作用

4.1.1　企业服务创新的内涵

服务创新可以帮助企业改善服务内容，提升顾客体验和顾客满意度，降低成本，增加竞争优势（李纲等，2017），其重要性日益凸显并受到学者们的广泛关注。关于什么是创新以及如何定义创新的争论可以追溯到近一个世纪以前（Schumpeter 和 Nichol，1934）。研究中关于什么是服务创新有很大的不同，与概念化无关（Witell 等，2016）。最初，学者们主要从狭义或广义的研究视角进行阐述，随着研究的深入，学者们则从特征和价值的视角进行了探讨。

研究初期，学者们从狭义和广义的视角界定了服务创新的内涵。狭义上，服务创新指发生在服务业中的非产品创新行为，是服务业企业采用新思想、新技术、新的管理手段等对企业以往服务流程进行系列变革，旨在提升企业服务质量和盈利能力（Sundbo，1997），或者是为了取得更高的利益而向客户提供更为高效、周到、精准，使顾客更为满意的新服务（Colin 和 Cheng，2012；Kang 和 Kang，2014）。广义上，服务创新是指与服务相关的所有产品、基本特征、实施流程或方式的创新等，它涵盖了服务业的服务创新、制造业的服务创新和公共的服务创新等多个层面。在诸多层面的服务创新中，产品和服务整合或组合为“捆绑产品”，产生了新服务，并提供完整的增值服务链，进而提高了竞争优势（Chen 等，2016）。

随着对服务创新的深入研究，学者们从服务创新的价值以及特征视角对其进行界定。从价值视角上看，服务创新是一种产品或服务增值，为多方利益共同体创造价值的过程。一些学者认为服务创新是一种企业为满足顾客需求的多样化，运用新的思想、新的概念或者新的技术来改善或变革服务流程及服务产品，从而提高产品及服务价值的过程（Den Hertog 等，2010；简兆权和柳仪，2015；Li 和 Liu，2019）。这个过程能够为客户、员工、企业、联盟合作伙伴和社区创造价值（Yen，2012；Ostrom 等，2010），在该过程中，组织的收益通常来自为客户提供续订的附加值（Toivonen 和 Tuominen，2009）。此外，还有一些学者将资源整合视为服务创新的核心，认为服务创新是通过发展现有的或创造新的实践和（或）资源，或以新的方式整合实践和资源来创造新的价值主张（Skålén 等，2015）。

从特征视角上讲，服务创新是一种新的服务体验或服务解决方案（Stauss 等，2010）。它的涉及面很广，包含诸多维度的创新行为和过程，例如服务概念、服务提供者和用户关系、服务传递系统和技术变革（Hertog，2000），或技术创新、商业模式创新、社会组织创新和需求创新的一系列改进（Chen 等，2016）。经济合作与发展组织（OECD）（2005）认为它是一种新的或显著改进的产品或服务、一种新的营销方法或一种新的组织方法。此外，也有学者认为服务创新是诸多维度的服务体验或解决方案，包括新服务概念、新客户互动、新价值系统或业务合作伙伴、新收入模型、新组织或技术服务交付系统（Stauss 等，2010）。服务企业可以创新每个单一维度，也可以创新先前概述的多个维度。各个服务创新和企业之间，维度的重要性以及它们之间的相互作用是不同的（Stauss 等，2010）。这些维度的创新有利于改善现有服务，创造新的价值主张或创建新的服务系统，为社会、组织发展服务。

综上，学者们最初从狭义和广义的视角出发，由服务业转向制造业等多个层面来探讨服务创新的内涵；随后，学者们进行了深入研究，从特征和价值视角出发对其内涵进行了界定。在服务型组织中，服务和产品是无法分割的，本文将服务创新界定为组织基于某种目的在一定的条件下对组织现有的服务要素及服务体系进行变革，包括新特征、新流程和新服务交付方式的服务产品和流程创新，旨在提升组织的服务质量、开拓新的市场、实现新的产品价值同时保持持续竞争力的过程。关于服务创新的内涵，部分学者的代表性观点如表 4-1 所示。

表 4-1　服务创新的内涵

研究视角	内涵界定	代表学者
狭义视角	仅指服务业的服务创新行为，是服务业企业采用新思想、新技术、新的管理手段等对企业以往服务流程进行系列变革，旨在提升企业服务质量和盈利能力，或为获得更大的商业和社会利益，向目标顾客提供更高效、更周到、更准确、更满意的服务	Sundbo（1997）；Colin 和 Cheng（2012）；Kang 和 Kang（2014）
广义视角	新服务已引入市场，或现有服务已得到显著改善，或对其基本特征、无形组成部分、所需目的进行了重大更改	Santamaría 等（2012）
	服务创新不仅限于引入新的服务产品，而且还涉及服务提供商如何实施服务（新的或现有的）以及客户端如何响应	Kim 等（2015）
	将产品和服务整合或组合为“捆绑产品”，以提供完整的增值服务链，从而提高其竞争优势。这些捆绑产品基于产品、流程和服务相结合的概念，旨在设计和提供新服务，并通过服务为客户和公司创造价值	Chen 等（2016）

续表

研究视角	内涵界定	代表学者
价值视角	服务创新是一项新服务，或者是对已实施的现有服务的更新，并为开发该服务的组织带来了好处；收益通常来自为客户提供续订的附加值	Toivonen 和 Tuominen（2009）
	通过非物质制造手段（新的服务方式、服务理念或新的解决方案）所进行的增加有形或无形“产品”附加价值的经济活动	Den Hertog 等（2010）；简兆权和柳仪（2015）
	通过新的和（或）改进的服务产品、服务流程和服务业务模型为客户、员工、业主、联盟合作伙伴和社区创造价值	Yen（2012） Ostrom 等（2010）
	通过发展现有的或创造新的实践和（或）资源，或通过新的方式整合实践和资源来创造新的价值主张	Skålén 等（2014）
	服务创新就是对既有产品或服务进行改进，以满足顾客多样化的需求，帮助组织获取多重利益	Li 和 Liu（2019）
特征视角	服务创新是一个进化的、复杂的、多层面的过程，是服务概念、服务提供者和用户关系、服务传递系统和技术变革四个维度综合发展的结果	Hertog 等（2000）
	经济合作与发展组织（OECD）（2005）将服务创新定义为在商业实践、工作场所组织或对外关系中推出一种新的或显著改进的产品（产品或服务）或过程、一种新的营销方法或一种新的组织方法	经济合作与发展组织 OECD（2005）
	服务创新是一种新的服务体验或服务解决方案，包括以下一个或多个维度：新服务概念、新客户互动、新价值系统或业务合作伙伴、新收入模型、新组织或技术服务交付系统	Stauss 等（2010）
	可被视为技术创新、商业模式创新、社会组织创新和需求创新的一系列改进，旨在改善现有服务，创造新的价值主张或创建新的服务系统	Chen 等（2016）；Milbratz 等（2020）
	公司顾客以前无法获得的价值主张或产品，要求创新公司、客户或两者进行更新、创建、整合和转换的能力集合	Thanasopon 等（2016）

资料来源：作者整理文献所得

4.1.2　企业服务创新四维度模型

服务创新四维度模型由 Bilderbeek 等（1998）等提出，该模型运用结构化方法将服务创新的内容划分为四个维度：新服务概念、新顾客界面、新传递系统和新技术选择。其中，新服务概念是指在服务业中，创新的服务或产品大多具有无形性，创新产物并不一定是有形的实体产品，大多情况下是一种解决问题的新概念或方法；新顾客界面是指与顾客交互的界面设计，包括服务提供给顾客的方式以及与顾客间交流、合作的方式，是让顾客全面直观接触、了解企业的界面；新传递系统也叫组织创新，主要指其内部使新产品或概念能够顺利生产和传递的组织，该维度侧重于服务企业内部通过合适的组织安排、管理和协调，确保企业员工有效地完成工作，并开发和提供创新服务产品；新技术在创新过程中具有不可或缺的作用，往往会给企业产品或服务带来质的变化。技术进步支撑了服务创新的发展，技术创新与服务创新的融合显著提升了二者的绩效。

四个维度紧密相连，前后承接，较为全面地概括了企业服务创新的实施过程（孙文清，2016）。首先，企业挖掘新概念，开发新产品或服务（维度 1）。之后根据新产品特性及顾客特征设计恰当的客户交互界面，并选择适当的服务推出方式与客户建立合作关系（维度 2）。在建立新的顾客界面后，为使新产品或新服务生产、推广更顺利，保证企业员工深入了解新产品或新服务，并更为畅通的同顾客进行交互，在企业内部需要针对组织和员工建立新服务传递系统（维度 3）。在以上阶段的实施中，新技术将对实施的效率和效果有着很大促进作用，因此可以采用必要的技术手段（维度 4）。

综上，服务创新四维度模型提出了企业服务创新的可能维度，提供了服务创新模式的基本框架，且服务创新四维度之间的关系有利于组织决策者作出决策（王君正和吴贵生，2007；孙文清，2016）。基于服务创新四维度模型（如图 4-1 所示），深入研究员工创新行为、关系管理能力对企业服务创新及绩效的影响。

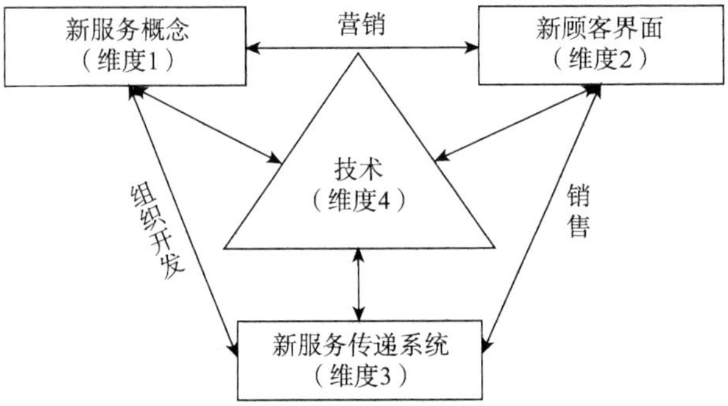

图 4-1　服务创新四维度模型

资料来源：Bilderbeek 等（1998）

4.1.3　企业服务创新的作用

面对复杂多变的环境和日益激烈的市场竞争，服务创新的相关研究越来越受到重视（Berry 等，2006）。服务创新是衡量组织创新能力的一个关键题项，与市场竞争优势和卓越绩效之间存在重要联系（Grawe 等，2009），是创造持续竞争优势的有效工具（Durst 等，2015；Salunke 等，2019），对企业绩效有积极的影响（Melton 和 Hartline，2010；Milbratz 等，2020），具体阐述如下：

一方面，企业服务创新可以增强自身竞争力或竞争优势。李东红和李蕾（2003）提出加强服务创新能够帮助企业迅速在竞争中脱颖而出，进而增强企业的核心能力。此外，服务创新为客户提供了新颖独特的价值主张，使公司能够与竞争对手区分开来并创造战略价值（Skålén 等，2015），促使企业获得竞争优势。有学者认为，服务创新是企业在动态环境中提高竞争力和市场地位的另一种手段（Chapman 等，

2002），这反过来又可能有助于企业克服进入新市场的壁垒，扩大经济规模，获得竞争优势（Moore，1993）。另外，服务创新为企业提供了产生竞争优势的机会（Lehrer 等，2018）。服务创新突破了传统依靠技术发展的产品创新战略逻辑，以服务主导竞争模式和提升客户价值为核心的竞争逻辑成为制造企业重要的战略目标。发达国家中已有 60%的制造企业通过服务创新在市场竞争中脱颖而出，这些成功的企业实践，印证了服务创新在企业可持续发展和维持竞争优势中的重要作用。

另一方面，企业服务创新能够提升自身绩效。服务创新塑造价值创造（Moller 等，2008；Snyder 等，2016），是提高市场绩效、效率和客户价值的一种手段（Chapman 等，2003）。以往研究表明，服务创新积极影响公司的绩效（Avlontis 等，2001；Nijssen 等，2006；Dotzel，Shankar 和 Berry，2013；马毓姮，2018）。全球市场公司的竞争是基于服务而不是基于产品，因为服务创新是一种创造价值的活动，它正向影响了市场导向和企业在市场中的表现（Slater 和 Narver，1995），有利于企业绩效的提升。此外，服务创新既能直接影响也能间接影响企业绩效，且服务创新的各个维度都对企业绩效有影响。例如，鲁现和高强（2009）以电子商务业为背景，通过实证分析发现了当以服务质量为中介时，服务创新能够直接或者间接地对企业绩效产生作用，并且企业绩效受到服务创新的直接作用要高于间接作用；姜铸和李宁（2015）以制造业为背景，通过相关性分析、多元回归等统计方法证实了服务创新的四个子维度：新的服务概念、新的顾客界面、新的组织流程和新的技术选择创新均能对企业绩效产生显著的正向作用。

4.2 企业服务创新绩效的内涵及测量

4.2.1 企业服务创新绩效的内涵

服务创新绩效是服务创新的外在体现，是指企业对于某个服务创新活动的效果作出的综合评价。服务创新绩效不仅体现出组织运营与市场竞争的有效性，还体现出组织项目预计的开发层次以及实际效果。

关于服务创新绩效的内涵，当前学者们主要从以下两个方面进行了论述。一方面，服务创新绩效是基于服务创新获得竞争优势的能力或程度（Storey 等，2016；Mennens 等，2018；高孟立和范钧，2018）。服务创新绩效是衡量服务创新成功与否的关键变量（Martin 和 Horne，1992；Lightfoot 和 Gebauer，2011；简兆权和刘念，2019），基于服务创新获得竞争优势的能力代表了服务创新绩效（Storey 等，2016）。如果企业无法达到服务创新绩效的水平，原因可能在于缺乏正式的方法来指导其服务创新工作（Baines 等，2009；Storey 等，2016），无法获得服务化的潜在好处，并可能遭受负面的财务回报（Visnjic 等，2016），从而丧失一系列的竞争优势。

另一方面，服务创新绩效是通过一系列标准来衡量并由此获取战略竞争优势的程度。服务创新绩效是通过新服务或改进服务的平均销售额百分比来衡量的（Ortiz de Guinea 和 Raymond，2019），通过一套标准逐步衡量服务创新绩效的目的是提高组织的竞争战略（Hussain 等，2016）。此外，服务创新绩效也是需要通过分享和管理创新知识，在服务创新方面获得战略竞争优势和商业成功的程度（Hanif 和 Asgher，2018）。

由上述可知，服务创新绩效是服务创新活动产生成效的一种量化表达，主要指获取竞争优势的程度，是在服务创新的基础上，且需要通过一系列的标准来衡量的。为了实现有效的市场竞争，各类型企业需要努力给消费者提供完善的服务，并不断地进行服务创新旨在提升企业的服务质量，从而吸引和留住顾客，稳定或拓展市场，获取竞争优势，最终提升服务创新绩效。

4.2.2　企业服务创新绩效的测量

要成功判定创新活动必须要选择合适的服务创新绩效测量量表。服务创新绩效的构建是复杂的（Chenhall 和 Lansfield-Smith，2007；Hanif 和 Asgher，2018），其测量也被认为是一个比制造环境更复杂的问题（Pawar 等，2009）。服务创新包含从产品到服务流程、商业模式等一系列创新，服务创新活动的开展能够从许多方面对企业产生影响，且由于服务本身存在无形性、多样性、不可分性和易逝性等特有属性，致使服务创新绩效相对于传统有形产品的创新绩效而言更不易测量。所以，在对服务创新绩效进行测量时要从多个维度选取题项。通过对现有相关文献进行梳理，发现国内学者对服务创新绩效的测量多是参考借鉴国外高水平文献中的成熟量表，但学术界使用的服务创新绩效测量量表并不统一。主要集中在两个方面：

一方面，部分学者从创新的过程和效果出发将服务创新绩效分为过程绩效和结果绩效（Voss，1992；Hsueh 等，2010）。过程绩效包括服务过程中的标准成本、有效性和速度；结果绩效就是服务创新完成后的财务、竞争能力和优于竞争对手的服务质量（Hsueh 等，2010）。在二者的具体测量题项上，学者们的看法各有不同。例如，除了成本之外，Voss（1992）强调服务创新的有效性和速度，而 Hsueh 等（2010）更强调服务创新流程的优化和效率。

另一方面，还有学者从服务创新所带来的经济收益和非经济收益出发，将服务创新绩效直接划分为财务绩效和非财务绩效（Avlonitis等，2001；Ramendra和Dena，2013；Thanasopon等，2016；李纲等，2017），前者包括新服务是否有利可图、是否实现了预期的市场份额和盈利目标；后者涵盖的内容主要有顾客满意度、产品或服务的质量以及战略目标等方面。基于服务创新带来的经济收益和非经济收益，也有一些学者的题项划分侧面反映了财务题项和非财务题项。例如，Storey和Kelly（2001）选取财务绩效、内部衡量绩效、市场绩效三个维度对服务创新绩效进行测量。简兆权和柳仪（2015）在他们的研究中把服务创新绩效用财务、以顾客为中心以及企业内部题项进行测量，其中财务题项主要包含成本、利润、销售额以及市场占有率等；以顾客为中心的题项主要包含顾客满意度、市场反馈以及市场竞争力；内部题项则主要包含了员工反馈、目标成功和发展潜能等。随后，又对此进行了延伸，将服务创新绩效分为财务绩效、战略和服务竞争力三个维度进行测量（简兆权和刘念，2019），也有学者从新产品开发数量（Kang和Kang，2014）和新产品占总销售额的比例（Chen等，2016）来测量服务创新绩效，这些题项各自反映了服务创新绩效的财务绩效和非财务绩效的某一方面。

综上，根据研究的侧重点不同，学者们对服务创新绩效的测量不同，如表4-2所示。但总体上看，多数学者认为服务创新绩效的测量应该充分考虑到财务绩效以及非财务绩效，前者代表了企业利益，后者反映了企业的核心竞争力。由此，本文借鉴Avlonitis等（2001）的研究，从财务绩效以及非财务绩效两个维度测量服务创新绩效。

表 4-2　服务创新绩效的维度划分

维度划分/题项	代表学者
过程绩效、结果绩效	Voss（1992）；Hsueh 等（2010）
财务绩效、非财务绩效	Avlonitis 等（2001）； Ramendra 和 Dena（2013）； Thanasopon 等（2016）；李纲（2017）
财务绩效、内部衡量绩效、市场绩效	Storey 和 Kelly（2001）
财务题项、顾客题项、企业内部题项	简兆权和柳仪（2015）；简兆权等（2018）
运营绩效、市场绩效	Grawe 等（2009）
新服务产品开发数量	Kang K H 和 Kang J（2014）
财务题项：新产品占当年销售总额的百分比来衡量	Chen 等（2016）
战略、服务竞争力、财务绩效	简兆权和刘念（2020）

4.3　企业服务创新绩效的影响因素及其作用

服务创新绩效影响因素的相关研究起始于 20 世纪 90 年代，近年来不断深入（De Brentani，1989；Storey 等，2016）。但在实践中，企业在服务创新方面的进步尚未得到证实（Storey 和 Hughes，2013），由于服务创新的高风险性及其对企业绩效的重要性（Storey 等，2016），因此，深入了解哪些因素会影响服务创新绩效对企业来说至关重要。研究表明，企业创新活动能否成功的关键在于企业自身所拥有的资源以及企业能够从外部环境所能获取的资源的多少（高孟立和范钧，2018），即企业的服务创新绩效会受到企业内部因素和外部因素共同的影响。在影响企业服务创新绩效的内外部因素中，不同的影响因素对服务创新绩效的作用效果也存在差别，一方面可能会提升企业的服务创新绩效，另一方面也可能会降低企业的服务创新绩效。因此，企业应该发掘、巩固并有效利用内外部因素，进而提升企业服务创新绩效。

4.3.1 企业服务创新绩效的内部影响因素及其作用

第一，组织能力（技术创新能力、开放性能力等）是企业服务创新绩效的重要来源。根据服务主导逻辑，企业开发创新服务的能力是企业的“核心能力以及代表潜在竞争优势经济实体的基本知识和技能”（Vargo 和 Lusch，2004）。在 B2B 服务情境下，聚焦于技术的创新能力对服务创新绩效具有显著的正向影响。服务企业通过采用新软件、集成新系统和运用新技术等方式，调整服务过程，减少中间环节和人工操作活动，进而实现服务流程创新和服务产品创新（何会文等，2019）。此外，Thanasopon 等（2016）根据实证研究发现开放性能力（搜寻能力、协调能力、共同理解和吸收能力）一方面能直接促进服务创新绩效，另一方面通过降低市场不确定性和技术不确定性间接对服务创新绩效产生影响。

第二，企业员工的创新行为能够影响服务创新绩效。员工创新行为能够正向影响企业的服务创新绩效（卢泽旋，2015；张克英等，2018；李佳宾和汤淑琴，2017）。一方面，员工在工作或产品生产过程中开发、利用和实施各种新方法等一系列创新行为，有助于新企业在动态的竞争环境中快速实现产品或服务创新（Yuan 和 Woodman，2010），进而提升企业的服务创新绩效。另一方面，组织成员们在合作完成工作任务时必定会产生资源与知识的共享，在组织成员的互动过程中产生的头脑风暴与思想碰撞则会在无形中提高组织团体的工作效率以及组织成员的个人创新能力，由此产生的创新实践行为会大幅度提高企业整体的创新绩效（张丽英，2011）。此外，有研究表明加强员工创新能力的培训，将能激发员工创新行为的持续输出，有利于帮助企业提升自身的服务创新绩效（徐冬冬，2014）。李佳宾和汤淑琴（2017）的研究同样认可二者间的积极作用关系，该研究还认为员工创新行为在新企业的知识共享与创新绩效关系间起着积极的中介作用。

第三，企业内部社会资本对服务创新绩效也有着重要影响。研究表明企业内部社会资本对服务创新绩效具有显著的正向影响（盖卫东，2019）。Cheng 和 Krumwiede（2017）用 293 份制造业样本数据，验证了市场资本、服务传递资本、互动和学习资本等作为企业的无形资本对服务创新绩效有正向作用。内部社会资本通过企业个体间的信任推进合作，以网络形式实现知识资源共享，来规范资源优势与合作秩序，进而奠定了企业的竞争优势（张继亮，2014）。此外，企业内部创新团队的成员通过合作沟通、制度规划及共同愿景相互联系在一起，这种基于内部良好的信任氛围、有效交流、共同愿景形成的内部社会资本有助于企业开展创新活动，提高整个企业团队的创新绩效（盖卫东，2019）。

第四，战略特征是服务创新绩效的前因变量之一（Storey 等，2016）。战略特征指的是公司可以帮助其在市场中获得竞争优势的计划行动（Henard 和 Szymanski，2001）。企业战略可以包括公司层面的设置专门的创新研发部门和创新的商业模式，以及业务层面的以顾客为导向的竞争战略。首先，企业设置专门的创新研发部门有利于提升服务创新绩效。例如，Blindenbach（2014）在研究服务创新是发生在专门的创新部门内还是分散在整个公司内时发现，专门的创新研发部门能促进服务创新绩效的生成，因此无论是制造业还是服务业等各类型企业要想创造更多的新服务产品都需要设置专门的创新研发部门。其次，商业模式创新对服务创新绩效有激励作用。商业模式创新就是企业创新，商业模式创新对企业创新绩效具有激励作用，商业模式创新对私营企业创新绩效比国有企业具有更大的激励效应（Xu，2019）。最后，企业顾客导向对服务创新绩效有正向影响。例如，Colin 和 Cheng（2012）对 235 位经理的调查发现顾客导向和服务创新绩效之间存在显著的积极关系。Ramendra 和 Dena（2013）支持该主张，通过 169 份美国和 149 份印度服务业企业的数据，进一步证实了顾客导向能显著影响服务创新绩效这一观点。

第五，内部资源的完备性与服务创新绩效密切相关。缺乏足够的内部资源（因素）与服务创新负相关。内部因素是企业控制或与企业自身能力相关的因素。缺乏熟练的人才、缺乏管理创新方面的培训和文化变革的僵化是缺乏内在因素的典型例子。创新和服务的整体成功、绩效的提升需要各种管理和员工技能（Hipp 等，2000；Gebremeskel 等，2019），所以公司员工必须进行必要的培训以支持成功的服务创新，进而提升服务创新绩效（Shipton 等，2006；Chen，2017）。此外，专业技能是创新的重要组成部分，（Nogueira 和 Marques，2008），Hauknes（1998）指出缺乏足够的管理能力和（或）技能将会成为服务创新的主要障碍。

由上述可知，影响服务创新绩效的影响因素有很多，且作用机制有所不同（如表 4-3 所示）。诸多内部因素都正向影响企业的服务创新绩效，如组织能力（技术创新能力、开放性能力）、员工创新行为、内部社会资本、企业战略（专门的创新研发部门、创新的商业模式、顾客导向）。少部分因素（缺乏足够的内部资源）与服务创新负相关。因此，企业应注重培养组织能力和员工的创新行为，利用企业内部的社会资本，发掘符合企业发展要求且有利于提升竞争优势的战略，准备充分的内部资源，以提升企业的服务创新绩效。

表 4-3 服务创新绩效的内部影响因素

研究背景	调研对象	内部因素	结论	学者
市场导向、服务创新、服务新绩效	235 位经理	顾客导向	顾客导向和服务创新绩效之间存在显著的积极关系	Colin 和 Cheng（2012）

续表

研究背景	调研对象	内部因素	结论	学者
服务创新、客户需求、竞争、绩效	美国和印度服务业企业员工	顾客导向、竞争导向	顾客导向和竞争导向均能显著影响服务创新绩效	Ramendra 和 Dena（2013）
创新部门、公司探索、开发与兼并	荷兰服务企业和制造企业	创新研发部门	专门的创新研发部门能促进服务创新绩效的生成	Blindenbach（2014）
员工创新能力、创新绩效	高科技企业员工	员工创新	员工创新能力对创新绩效总体具有正向影响	徐冬冬（2014）
顾客参与、员工创新行为、服务创新绩效	珠三角地区的服务企业	员工创新行为	员工创新行为对服务创新绩效有显著的正向影响	卢泽旋（2015）
开放性能力、服务创新	泰国 122 个 IT 服务提供商实施的基于 IT 的服务创新项目	开放性能力	开放性能力既能直接促进服务创新绩效，又会通过降低市场不确定性和技术不确定性间接对服务创新绩效产生影响	Thanasopon 等（2016）
服务创新、无形资本	高科技制造业的员工	无形资本	市场资本、服务传递资本、互动资本和学习资本作为企业的操作性资源均对服务创新绩效均有显著影响	Cheng 和 Krumwiede（2017）
培训项目、人岗匹配、服务创新绩效	中国台湾几家中高档酒店的一线员工	组织培训	员工对培训的感知获取、培训的收益和对培训的支持都对员工的服务创新绩效有正向影响	Chen（2017）
知识共享、员工创新行为、创新绩效	企业成立年限低于 10 年的新企业	员工创新行为	员工创新行为对创新绩效产生积极的作用；员工创新行为在新企业知识共享与创新绩效关系间起着积极的中介作用	李佳宾和汤淑琴（2017）
市场竞争、商业模式创新、企业创新绩效	中国传统和高科技企业	商业模式	商业模式创新对企业创新绩效具有激励作用，商业模式创新对私营企业创新绩效比国有企业有更大的激励效应	Xu（2019）

续表

研究背景	调研对象	内部因素	结论	学者
互动导向、服务创新绩效	124 家物流企业 152 家会展企业	技术创新能力	技术创新能力正向影响服务创新绩效	何会文等（2019）
内部社会资本、知识流动、服务创新绩效	专业导向型与技术导向型的知识密集型企业员工	内部社会资本	企业内部社会资本对服务创新绩效具有直接的正向影响	盖卫东（2019）

资料来源：作者整理文献所得

4.3.2 企业服务创新绩效的外部影响因素及其作用

第一，市场竞争、竞争氛围和竞争强度对企业服务创新绩效有着重要影响。激烈的竞争环境会使企业更加关注顾客的需求、认识自己的优缺点和进行能力的提升，进而开发创新服务产品，以保持领先地位（Ramendra 和 Dena，2013）。首先，市场竞争是影响企业创新绩效的重要外部因素，市场竞争对企业创新绩效有显著的正向影响，而且不同的市场竞争水平对企业的创新绩效有不同的影响（Xu，2019）。其次，在关于市场竞争的研究中，竞争氛围指某一特定市场中参与竞争的企业数量及企业参与竞争的总体投入和强度（Bengsston，1998）。有研究证实，在外部创新氛围中，竞争氛围对服务创新绩效有积极的正向影响（高孟立和范钧，2018）。最后，竞争强度与服务创新绩效有可能呈倒 U 型关系。服务创新绩效与创新绩效密切相关，有学者认为竞争强度与创新绩效呈倒 U 型关系（Aghion 等，2002；杨皎平等，2012；黄训江，2017）。此外，竞争强度能使公司倾向于产生更多的创新活动和行为（杨慧军和杨建君，2015；孙冰等，2017；高山行等，2018），竞争强度的增加也提升了企业未能从特定创新中获益的风险（Tang，2006）。

第二，外部知识获取与利用能够提升企业服务创新绩效。企业创新能力的形成总是循着知识创造、知识吸收的过程演进。专注于服务的公司通过利用外部知识而不是在内部创造知识来获得成功（Storey 等，2016），因此，从客户那里获得的知识能够增强企业服务创新绩效（Mennens 等，2018；李纲等，2017；Kang K H 和 Kang J，2014）。有研究证实，外部环境中的知识获取和知识利用都对服务创新绩效有积极的正向影响（高孟立和范钧，2018；赵武和刘伟，2019）。

第三，网络能力对服务创新绩效存在显著影响。网络能力是公司开发和管理其业务网络关系的能力。有研究直接证实网络能力与服务创新绩效呈正相关关系（Jian 等，2017）。此外，有学者把网络能力分为诸多维度，如关系管理能力（Moller 和 Halinen，1999；邢小强和仝允桓，2006；李纲等，2017）。关系管理能力是指企业处理和协调外部网络关系中直接和间接合作伙伴关系的能力。有学者认为关系管理能力能够正向影响知识获取，而知识获取正向影响服务创新绩效（李纲等，2017）。因此，关系管理能力能够促进企业的服务创新绩效。企业通过关系管理能力能与合作伙伴构建起强联结并增强彼此间的信任（Moshtari，2016），为企业间隐性知识的交换搭建桥梁，使企业获得更多的市场、技术和顾客信息，增强了企业的创新能力（Battor，2010），促进了企业的创新行为和创新绩效（王玉和邓艳宾，2017），最终推动了创新型企业的形成（何建洪等，2015）。因此企业需要更紧密地与业务伙伴联系，以实现更好的服务创新绩效（Hsueh 等，2010）。

第四，顾客和企业合作伙伴同企业进行的价值共创能促进企业服务创新，有利于提升企业服务创新绩效。服务主导逻辑的 FP8 认为“价值创造是一个互动的过程，因此，企业和客户必须在关系环境中加以考虑”，并且“价值本质上是以客户为导向”（Vargo 和 Lusch，2008）。客户包含实际为新服务付费的最终顾客，以及从新服务提供的价值中获益的所有合作伙伴（Thanasopon 等，2016）。Li 和 Liu（2019）根据台湾大型企业 382 份问卷数据，提出顾客和合作伙伴的反馈与支持能促进企业的服务创新行为的观点。服务创新是公司经济绩效的关键驱动力（Dotzel 等，2013），服务创新能正向影响企业的服务创新绩效（Hanif 和 Asgher，2018；田雪等，2017；Tang 等，2020）。因此，顾企价值共创有利于服务创新绩效的提升。

第五，外部经济资源的完备性也会影响企业服务创新绩效。缺乏足够的经济资源与服务创新绩效负相关，经济因素包括影响企业能否成功创新的财务福利或财政资源，可以定义为阻碍企业创新的财政限制。研发资金的缺乏，以及缺少揭示市场需求的其他手段，都会阻碍公司在社会资本资源方面进行创新和投资。Sundbo 和 Gallouj（1998）指出，资金限制是服务发展进程中的一个重要障碍。控制成本既是对服务创新的挑战，也是服务创新的机遇（Ostrom 等，2010）。此外，Sirilli 和 Evangelst（1998）指出，美国和印度公司创新的主要障碍都是经济性质的（缺乏资金、创新成本、还本付息期等），在发达经济体制中，约 23%的服务公司在引进创新方面缺乏适当的财政资源。

由上述可知，诸多外部因素直接或间接地影响着企业的服务创新绩效，且对于服务创新绩效的作用机制有所不同（如表 4-4 所示）。其中市场竞争、竞争氛围、外部知识获取与利用、网络能力、顾企价值共创、经济资源的完备性都能正向影响企业的服务创新绩效，而竞争强度和服务创新绩效可能呈倒 U 型关系。

表 4-4 服务创新绩效的外部影响因素

研究背景	调研对象	外部因素	结论	学者
竞争强度、创新绩效	辽宁、山东、浙江等省的集群企业	竞争强度	竞争强度与创新绩效呈倒 U 型关系	杨皎平等（2012）

续表

研究背景	调研对象	外部因素	结论	学者
外部知识、联合开发、技术购买、服务创新绩效	韩国服务公司	外部知识、知识获取、联合开发、技术购买	外部知识能促进服务创新绩效；外部信息获取对服务创新绩效有正向影响；联合开发的程度与服务创新绩效呈倒 U 型关系	Kang K H 和 Kang J（2014）
关系嵌入、服务创新绩效、网络能力	服务企业和服务部门的中高层管理人员	网络能力、关系嵌入性	网络能力和关系嵌入性都与服务创新绩效正相关	Jian 等（2017）
服务创新、社会互动、有用的反馈、帮助和支持	一家 6000 名员工的跨国公司，九家子公司在中国台湾不同地区	社会互动、同事的反馈和支持	公司伴随着社会互动对同事有用反馈的支持以及同事的帮助和支持有助于实现服务创新	Li 和 Liu（2017）
网络能力、知识获取、服务创新绩效	河南、北京、上海、山东等 265 家企业的中层及以上管理者	网络能力、知识获取	网络能力（关系管理能力和资源管理能力）能够促进企业外部知识获取；外部知识获取对企业服务创新的财务和非财务绩效均有显著正向影响	李纲等（2017）
社会资本、服务创新、服务创新绩效	制造型企业物流公司、物流咨询公司、运输公司、物流园区	服务创新	渐进式服务创新和突破式服务创新都对服务创新绩效有正向影响	田雪等（2017）
吸收能力、员工协作、搜索广度、服务创新绩效	荷兰南部省份的制造业中小企业	外部知识获取	从客户那里获得的知识增强了服务创新绩效	Mennens 等（2018）
服务创新、服务创新绩效	220 名银行经理	服务创新	多维度的服务创新对服务创新绩效有显著的影响，服务创新的各个维度显著预测服务创新绩效	Hanif 和 Asgher（2018）

续表

研究背景	调研对象	外部因素	结论	学者
外部创新氛围、知识获取与利用、双元学习能力、服务创新绩效	长三角和珠三角地区四大类 KIBS 企业	知识获取、知识利用、竞争氛围	知识的获取和利用对服务创新绩效均具有积极的正向影响；竞争氛围对服务创新绩效有积极的正向影响	高孟立和范钧（2018）
市场竞争、商业模式创新、企业创新绩效	中国传统和高科技企业	市场竞争	市场竞争是影响企业创新绩效的重要外部因素，市场竞争对企业创新绩效有显著的正向影响，不同的市场竞争水平对企业的创新绩效有不同的影响	Xu（2019）
关系管理、知识获取、环境动态性、服务创新绩效	西安高新区 2005 年以后成立的服务业企业	知识获取、关系管理	知识获取和关系管理都与服务创新绩效正相关	赵武和刘伟（2019）
旅游核心竞争力、创业倾向服务创新、服务创新绩效	700 个台湾中小型旅游企业	创新	与竞争对手相比，自主创新、寻求创新的想法，有助于提升服务创新绩效	Tang 等（2020）

资料来源：作者整理文献所得

第5章 关系管理能力、关系学习与服务创新财务绩效的关系模型

5.1 概念模型

5.1.1 关系管理能力及其对服务创新绩效的影响

关于关系管理能力的内涵，学者们从广义和狭义两个视角进行了探讨，如表5-1所示。基于广义视角，关系管理能力是指企业建立、维持和利用各种外部伙伴关系的能力，强调企业通过管理、协调整个关系网络，以从中成功获取不同资源（Moshtari，2016）。基于狭义视角，关系管理能力是指企业管理、协调与特定组织或群体之间关系的能力，突出企业对单个二元关系的管理与维护（邢小强和仝允桓，2006；韦春北，2012）。

表5-1 关系管理能力的内涵

视角	定义	代表学者
广义视角	组织创造、管理和终止合作交易关系的能力	Moller和Halinen（1999）
	一种有价值的、难以模仿的、能为企业带来卓越价值资源的能力	Battor（2010）

续表

视角	定义	代表学者
广义视角	明确问题或任务、制定联合决策，为每个合作伙伴正确分配角色或职责以及评估合作绩效的能力	Moshtari（2016）
	公司开发和实施组织过程和惯例的独特能力，包括关系开发、关系发展以及终止供应商关系	Forkmann 等（2016）
狭义视角	企业针对与特定组织或群体之间关系进行管理的能力	邢小强等（2006）
	企业处理和协调外部网络关系中直接和间接合作伙伴联系的能力	李纲等（2017）

本书从狭义视角出发，将关系管理能力定义为企业管理和协调与外部组织间的二元或多元关系的能力（李纲等，2017）。企业通过寻找合适的合作伙伴并与其建立有效连接，来帮助企业了解合作伙伴的资源、能力和需求，进而促进企业从外部关系网络获取和吸收异质性信息及知识，最终实现企业目标。

企业服务创新绩效会受到关系管理能力的影响。网络能力理论认为，在激烈的竞争环境中，企业内部资源已经无法满足其创新活动，企业需要主动嵌入到外部关系网络中，从外部关系网络获取稀缺资源。然而，这些关系网络非常复杂，必须加以管理才能有效地促进企业战略目标的实现。因此，企业需要具备良好的关系管理能力。作为关系层面的关系管理能力，是企业建立、发展、管理和协调外部组织间合作关系的能力，能够影响企业关系网络的多样性和协调性，进而影响企业资源的丰富性，并决定了企业能否有效地从外部获取新资源来适应快速变化的环境，为企业服务创新提供了重要的资源保障（张峰，2016；刘璞等，2019）。具体来说，关系管理能力主要从以下几个方面影响企业的服务创新绩效。

首先，关系管理能力能够帮助企业挖掘、评估、选择和搭建与利益相关的合作关系，丰富企业的服务创新网络（王玉和邓艳宾，

2017)，拓宽企业的资源获取渠道，促使企业更容易获取与服务创新相匹配的资源，并产生优化服务系统设计或性能的新思维和新想法，进而提高企业服务创新的成功率（李纲等，2017；王玉和邓艳宾，2017）。

其次，关系管理能力能够加强企业与合作伙伴之间的交流和沟通，消除双方的猜疑、分歧和隔阂，提高双方的资源交流频率和分享质量，从而改善企业资源获取效率和效果。丰富的资源使企业能够以新视角、新方法解决服务创新问题或提供识别服务创新的机会，领先于竞争对手向顾客传递价值，从而提升企业的市场占有率，提高企业服务创新绩效。

最后，关系管理能力能够帮助企业建立网络成员普遍接受的标准或规范，发展互相兼容的管理模式，促使网络成员间形成集体规范和共享机制系统（王玉和邓艳宾，2017）。这种共同规则和价值共享促使企业间建立互惠、信任关系，并保持持续的互利关系，确保企业能够获得较为稳定的知识流，通过与企业原有知识进行整合，为顾客提供更多的服务设计方案（李纲等，2017）。综上，关系管理能力对企业服务创新绩效存在影响。

5.1.2　关系学习的内涵、维度和作用

关系学习是指企业与合作伙伴之间的共同学习活动，双方在联合活动中共享信息、共同理解并将信息整合到特定关系记忆领域，从而改变潜在的关系领域特定行为的范围或可能性（Selne 和 Sallis，2003；Johanson 和 Vahlne，2003）。从关系学习的内涵可以看出：①关系学习是基于密切合作关系的一种组织间学习，双方自愿建立合作关系，密切互动，进而产生良好的学习效果（宋春华等，2017）；②关系学习的主体之间存在长期交易行为，随着交流与互动频次的增加，推动了双方相互学习（Selnes 和 Sallis，2003）；③关系学习强调创造协同价值，通过互

动学习与协调发展，给双方带来更多的价值（蒋青云，2007）。

依据学习过程和结果，关系学习可以划分为信息共享、共同理解和特定关系记忆三个维度（Selnes 和 Sallis，2003；张春阳等，2019）。其中，信息共享是指企业与合作伙伴之间重要或独有信息分享的程度；共同理解是指企业与合作伙伴之间共同理解和阐释信息以解决问题和讨论对策；特定关系记忆是指企业与合作伙伴之间通过联合活动将获取的信息集成到特定关系记忆中，即知识共享最终储存在双方关系记忆中（Johanson 和 Vahlne，2003），进而对合作伙伴的行为产生影响。

在当今复杂多变的环境下，关系学习日益成为企业获取外部资源的重要途径，对企业服务创新具有重大意义，引起了营销界和学术界的广泛关注（张春阳等，2019）。为此，学者们主要探究了关系学习对服务创新绩效的直接和间接作用。

首先，关系学习能够直接影响企业服务创新及其绩效。通过关系学习，企业从合作伙伴那里获取丰富的异质性资源，并将其用于服务创新，进而提升服务创新绩效（李贞和杨洪涛，2012；裴旭东等，2015）。一方面，关系学习能够增强合作伙伴间的信息共享意愿，帮助企业快速转移服务创新所需的关键资源，提高服务创新成功的概率，进而提升服务创新绩效（裴旭东等，2015）。具体而言，关系学习通过加强合作伙伴间的沟通交流，促进异质性资源在合作伙伴间快速流动和扩散，使得企业更容易从合作伙伴那里获得创新资源，具备企业服务创新所需资源，提高企业服务创新成功的可能性（张春阳等，2019）。同时，通过频繁的交流，合作伙伴间形成了及时有效的信息反馈机制，确保了资源的可靠性和准确性，促使企业高效地应用这些资源进行服务创新，从而提升服务创新绩效（裴旭东等，2015）。另一方面，关系学习意味着合作伙伴间会共同讨论服务创新问题并提出解决方案，帮助合作伙伴利用“干中学”“用中学”的方式快速获得资源，尤其是特定情景中的隐性知识，并集思广益、优势互补，加速服务创新，提升服务创新绩效（李贞和杨洪涛，2012）。合作伙伴在共同解决问题的过程中，花费大量时间针对服务创新问题进行讨论，既加深了合作伙伴对资源的理解和认识，帮助合作伙伴更有效地使用这些资源，又为合作伙伴转移隐性知识创造了良好的情景条件，加快合作伙伴开发新产品或服务的速度，更好地将创新想法付诸实践，以提升服务创新绩效（裴旭东等，2015）。

其次，关系学习在企业服务创新及其绩效中发挥着中介效应。在复杂多变的环境中，企业服务创新活动更加依赖外部资源的支持。企业通过与外部组织建立有效联结嵌入到关系网络中，并对复杂关系网络进行管理和协调，搭建企业获取异质性资源的重要渠道，而关系学习能够提高企业资源传递质量、可靠性、速度，并将其用于开发新产品或服务，从而提升服务创新绩效。例如，简兆权等（2014）指出，网络能力可以帮助企业有效管理各种合作关系，确保企业拥有优势互补的网络联结，而关系学习能提高企业资源获取速度、质量和可靠性，为企业服务创新提供了关键资源，促使企业能够先于竞争对手实践服务创新思想，进而提升服务创新绩效。王丽平等（2016）通过实证研究发现，关系学习在组织忘记和企业商业模式创新中起到中介作用，即组织忘记打破了企业原有的思维方式与认知模式，确保关系学习顺利开展，而关系学习借由与其他创新主体的互动与合作影响企业对外部资源的吸收与利用，进而影响企业的服务创新水平。

最后，关系学习在企业服务创新及其绩效中起到调节作用。与外部合作伙伴互动是企业获取异质性资源的主要方式（Wang 和 Hsu，2014），然而由于每个企业对外部资源的学习和利用程度存在较大差异，各企业受益程度有所不同（Jean 和 Sinkovics，2010），进而影响企业服务创新速度和可能性。换言之，关系学习能够影响企业对异质性知识获取与吸收的速度、效率和可靠性，为企业服务创新活动提供资源支撑，帮助企业快速应对市场变化，缓解市场变化对企业的影响。例如，Albort-morant 等（2018）实证得出关系学习正向调节吸收能力对绿色创新绩效的影响，因为关系学习通过合作伙伴建立紧密联系，帮助合作伙伴从关系网络中获取更多异质性资源，并将其用于服务创新，从而提升服务创新绩效。

5.1.3 竞争强度对企业服务创新绩效的间接影响

竞争强度是指企业所面临竞争环境的动荡程度，常被用来描述企业所处行业的状态。竞争强度的加剧使得消费者拥有更多产品选择，打破了企业依靠同质化产品长期获利的状况。因此，竞争强度经常被看作是调整企业状态和行为的情景变量，以往研究也证实了这一观点。一方面，行业竞争强度越高，意味着企业间在资源、技术、产品、目标对象等方面的趋同程度越高，这种趋同性能够帮助企业快速转移和吸收竞争对手的资源和经验（孙冰和沈瑞，2017），促使企业利用自身优势和特色对市场中的现有产品或服务进行改进（奉小斌，2016），降低企业研发成本的同时提高服务创新的可能性（李贞和杨洪涛，2012）；另一方面，行业竞争强度越高，行业中技术、产品、服务变化越快，企业原有的技术、产品、服务很容易被新技术、新服务或新产品取代，这会增强企业服务创新意识，促使企业积极地从关系网络中获取异质性资源，并将其用于新产品或服务的开发，领先于竞争对手交付顾客价值，赢得顾客、拓展市场份额，并获得更多的利润（孙冰和沈瑞，2017）。

在高强度的竞争环境中，企业更愿意通过创新来提升产品或服务的不可替代性和独特性，如此能够快速获取信息、知识等资源来抢占先机，并顺利完成产品或服务的创新（孙永磊等，2019），此时，企业的关系学习和关系管理能力的作用才得以凸显。一方面为了适应高强度的竞争环境，企业更倾向于通过关系管理能力与其他企业建立、发展合作关系，并利用其外部关系网络获取信息、知识等，来降低服务创新的风险，提高服务创新的成功率。另一方面，通过互动与合作伙伴相互学习，企业能够找到提高信息和知识的传递质量、可靠性、速度及知识共享的途径（简兆权等，2014），进而提高企业服务创新速度。在以往研究中，竞争强度在企业创新及其绩效中的调节作用得到了学者们的充分论证（Zhang 等，2013；Chen 和 Wang，2016；Prajogo，2016）。

综上所述，根据服务创新、网络能力和关系学习理论，关系管理能力是服务创新绩效的重要影响因素，关系学习为企业服务创新提供了外部资源，能够调节关系管理能力与服务创新绩效之间的作用关系。上述作用关系还会受到企业外部竞争强度的影响。因此，本书在考虑关系学习和竞争强度的联合作用下，提出了关系管理能力与服务创新绩效之间的关系模型，用于讨论关系学习的调节作用，以及关系学习和竞争强度在关系管理能力和服务创新绩效之间的联合作用。本书的概念模型如图 5-1 所示。

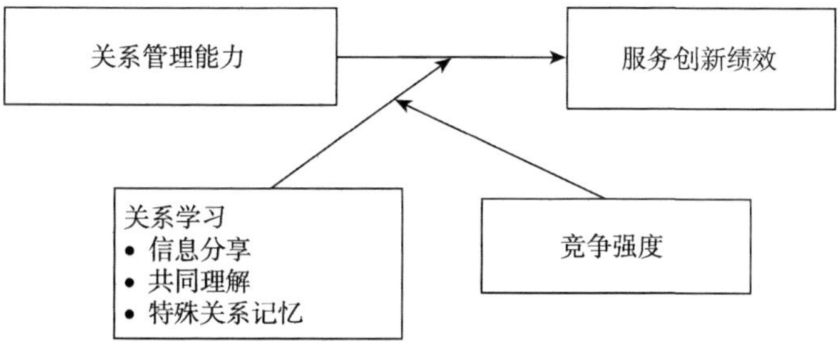

图 5-1　概念模型

5.2 关系管理能力与服务创新财务绩效的关系研究

关系管理能力对企业服务创新财务绩效具有显著正向影响。原因如下：首先，关系管理能力通过帮助企业与外部优秀组织建立强联结关系，促进企业获取异质性资源，企业将这些资源用于开发新产品或服务以提升服务创新财务绩效。这是因为关系管理能力能拓宽资源获取渠道，为企业服务创新活动提供丰富的资源基础（李纲等，2017）。具体而言，关系管理能力使企业与供应商、顾客、研究机构甚至竞争者间建立广泛联结，帮助企业了解行业发展和竞争对手动态，促使企业获取科研机构的前沿成果等，这拓展了企业外部的资源来源，丰富了企业资源的种类和增加了企业资源的数量，使企业更容易获得服务创新所需的关键资源。企业利用这些资源开发新产品或服务等，领先于竞争对手传递顾客价值，从而获得更优绩效（王玉和邓艳宾，2017）。

其次，企业关系管理能力越强，越注重与合作伙伴进行频繁交流、深入沟通，这有助于提升企业的服务创新和财务绩效（李纲等，2017）。一方面，关系管理能力可以帮助企业与合作伙伴频繁交流，确保资源获取渠道畅通，保障企业从关系网络中高效、快速地获取资源，尤其是获取隐性知识（王玉和邓艳宾，2017），以支持企业服务创新活动。企业利用外部关系网络获取的新资源，率先实践服务创新思想，改进或重新设计产品或服务，从而赢得新顾客、保留老顾客，提高企业市场占有率，获得更多的利润。另一方面，频繁交流能够消除合作伙伴之间的猜疑，降低合作伙伴对重要资源的保护意识，使企业更容易从合作伙伴处获得服务创新所需的关键资源，这扩展了企业的资源基础，突破企业的资源瓶颈，提高企业成功开发新产品或服务的可能性，以赢得市场份额和更多的利润（李纲等，2017）。

最后，关系管理能力能够使企业建立网络成员普遍接受的行事规范和价值观，这有助于提升企业的服务创新和财务绩效。因为统一的行事规范能够减少摩擦，保持融洽的互动氛围，使企业更容易从外部关系网络获得资源。共享价值观能够帮助企业与外部组织建立“自己人”的信任关系，信任可以强化网络伙伴的合作动机，增加更多有价值的知识资源的投入，并积极阐释这些知识以便于其他成员能更好地理解和吸收，尤其是难以编码和转录的隐性知识，促进企业从外部伙伴关系中获取关键知识（李纲等，2017），提升企业外部知识获取的效率和使用效果，使得企业以更加动态、柔性、敏捷的方式动态配置资源（王玉和邓艳宾，2017），加速企业服务创新进程，并领先于竞争对手推出符合市场需求的服务创新产品（张峰，2016），从而赢得顾客的青睐，获得更多的利润，拥有竞争优势。因此，关系管理能力正向作用于企业服务创新财务绩效，提出如下假设：

H1：关系管理能力对企业服务创新财务绩效有显著正向影响。

5.3　关系学习的调节作用

关系学习强化了关系管理能力对企业服务创新财务绩效的影响。这是因为在关系学习的支持下，合作伙伴能够利用关系管理能力从外部关系网络中获取异质性资源，并将其用于开发新产品或服务，从而提升绩效。本文主要从关系学习的三个维度（信息共享、共同理解和特定关系记忆）阐述调节效应。

信息共享程度越高，关系管理能力对服务创新财务绩效的正向影响越强。首先，共享信息由消费者需求、产品和运营信息组成，这使得合作伙伴能够从关系网络中获取更多的资源，如知识和技能（詹志方，2018）。通过关系管理能力，企业将外部资源转移到企业内部，并直接用于新产品或服务的开发，领先于竞争对手交付新的顾客价值，从而提高企业的财务绩效。其次，信息共享的意愿和行为建立了信息交换的载体，能帮助合作伙伴深入了解成本偏好、产品属性和经营模式（简兆权等，2014）。因此，合作伙伴可以通过关系管理能力将信息和知识转化为服务创新实践。再次，频繁共享信息可以使合作伙伴之间有一个更加和谐的合作氛围，减弱了合作伙伴的信息和知识保护意识，这为关系管理提供了良好的条件。通过关系管理能力，使信息和知识在合作伙伴之间快速流动，及时满足合作伙伴对异质性新信息和知识的需求，帮助合作伙伴快速完成新产品或服务的开发，从而提升财务绩效。最后，共享信息包含以往产品或服务变革的经验和教训，使合作伙伴能够获得更多的信息和经验。通过关系管理能力，合作伙伴将这些信息和经验转移到企业内部，提高合作伙伴在新产品或服务开发过程中解决问题的能力，进而提升企业的服务创新产出（李贞和杨洪涛，2012）。因此，合作伙伴可以将关系管理能力应用于商业目标（新的服务或产品供应），通过创新活动创造价值。

共同理解是指对伙伴之间共享信息的更普遍的理解，这将扩大关系管理能力的作用。关系管理能力在合作伙伴之间建立了牢固的联系，以促进知识的转移和资源的使用。首先，由于从不同企业转移来的知识以不同的形式组织和编码，使其难以被理解，而共同的理解使合作伙伴能够通过联合团队和面对面地交流来解码和获取核心知识，这些知识可以用于更新新技术、开发新服务、新产品和新流程。因此，关系管理能力获取和使用的关键知识越多，服务创新财务绩效越高。其次，公司可以从合作伙伴那里获得很多资源，但有些资源可能会被忽略，不是因为它不重要，而是因为公司无法理解它。共同理解可以作为一种有效的机制来理解资源，如跨职能团队、面对面的会议和富有成效的讨论。显然，关系管理能力与共同理解相结合，能够使企业在服务创新中发现和发掘更有价值的资源。最后，企业虽然从合作伙伴那里获得了较多的资源，但只有正确地理解这些资源才能更好地使用它们。共同理解问题使合作伙伴间及时交流、反馈、纠正对信息和知识的认知偏差，这为关系管理能力作用的发挥创造了良好条件。通过关系能力，合作伙伴能够获得更多准确的、有效的资源，为企业进行服务创新提供可靠的知识基础，有助于企业进行服务创新，提升财务绩效（裴旭东等，2015）。

更重要的是，合作伙伴之间高水平关系记忆的发展通常伴随着相同的物理构件的支持，如文档、计算机内存和编程等。在这种情况下，关系管理能力的效益可能会越来越大。首先，基于与合作伙伴相同的物理构件，通过关系管理能力提高知识转移和资源获取的效率和有效性，可以带来更强的服务创新的积极影响。其次，关系记忆意味着伙伴们在正式或非正式的程序中形成特殊的惯例，并为双方如何进行联合活动编写脚本。这为关系管理能力提供了有力的支持，因为合作伙伴可根据相同的惯例来传递知识和交换资源，有利于企业服务创新绩效的提高。最后，异质性资源的获取需要合作伙伴具备相关的资源储备，关系记忆是合作伙伴在互相学习中形成的资源库（简兆权等，2014），可以帮助合作伙伴在现在和未来通过关系管理能力持续获得新资源，促进合作伙伴不断进行新产品或服务开发，从而提升财务绩效。因此，提出以下假设：

H2：关系学习程度越高，关系管理能力与服务创新财务绩效之间的正向关系越强。

H2a：信息共享程度越高，关系管理能力与服务创新财务绩效之间的正向关系越强。

H2b：共同理解程度越高，关系管理能力与服务创新财务绩效之间的正向关系越强。

H2c：特定关系记忆程度越高，关系管理能力与服务创新财务绩效之间的正向关系越强。

5.4 竞争强度和关系学习的联合作用

关系学习和竞争强度会对关系管理能力与企业服务创新财务绩效之间的关系产生联合作用。前文分析表明，关系学习强化了关系管理能力对企业服务创新财务绩效的正向作用，关系学习的正向调节作用可能会随着企业外部竞争强度的增加而增加。也就是说，在低竞争强度下，产品、技术、服务变化缓慢，市场提供类似服务产品的企业较少，竞争对手之间也不会采取价格竞争，市场竞争并不激烈，此时每个企业都有相对固定的市场份额，这意味着关系管理能力和关系学习较弱的企业即便不进行太多的服务创新也能有较好的财务绩效；但在高竞争强度下，市场上的产品、技术、服务变化速度很快，很多企业都提供类似服务产品，竞争对手之间经常采取价格竞争以赢得客户，市场竞争非常激烈，此时每个企业都必须通过持续的服务创新才能保持和增加市场份额，这意味着只有那些关系管理能力和关系学习较强的企业，通过不断从外部获取知识和资源，并运用于企业服务创新实践，才能够获得较好的服务创新财务绩效。显然，竞争强度和关系学习存在联合作用。具体阐述如下：

首先，在高竞争强度环境中，企业服务创新意愿更强，需要大量外部资源实践创新思想，只有关系学习和关系管理能力较强的企业才能获取充足的外部创新资源，开发新产品或服务，从而提升财务绩效。换言之，在低竞争强度环境下，企业即使不进行创新，也可能会取得良好的财务绩效，因为客户被企业的产品和服务“卡住了”（Jaworski 和 Kohli，1993）。此时，企业服务创新意愿较弱，企业通常采取扩大生产规模、降低成本等方式获取更多利润。但是，在高竞争强度环境中，市场中不断涌现新的产品、技术、服务，缩短了企业现有技术、产品和服务的生命周期，不能跟上市场变化速度的企业很容易被市场淘汰，加上产品或服务同质化严重，导致企业间经常采取价格竞争提升竞争优势，在这种情况下，企业只有不断进行服务创新才能吸引和留住顾客，获得更高的利润，因此企业的服务创新意愿较强。所以，在高强度竞争环境中，关系学习对于具有高关系管理能力的企业进行服务创新至关重要。关系管理能力通过拓宽企业信息来源、丰富企业的资源种类和数量，通过关系学习深入挖掘合作伙伴的隐性知识（裴旭东等，2015），并将这些资源用于服务创新，为顾客提供差异化的、个性化的服务/产品，从而保持和提高市场份额，以获得良好的财务绩效。

其次，在高竞争强度环境下，市场竞争激烈，产品、技术、服务快速变化，产品或服务同质化严重，企业间经常采取价格竞争，在这种情况下，企业只有持续进行服务创新才能获得竞争优势，这要求企业具备较高的关系学习和关系管理能力，才能更好地满足企业对服务创新资源的需求。与高竞争强度环境不同，在低竞争强度环境中，市场竞争相对平缓，产品、技术、服务变化幅度较小，产品或服务的可替代性较弱，企业只需稍微改进现有产品或服务就可以稳定和增进市场份额，获得可观利润。但企业一旦处于高竞争强度环境中，就需要持续快速推出新产品或服务，领先于竞争对手传递顾客价值，才能维持和提升市场份额，获得更好的绩效。而新产品或服务的成功开发需要丰富资源的支持，这就要求企业必须充分利用关系管理能力来管理和协调外部的复杂关系网络以获得外部资源，并借助关系学习（信息分享、共同理解和特殊关系记忆）从合作伙伴那里快速转移、理解和吸收这些资源，将其用于服务创新，从而提升财务绩效。

最后，在高竞争强度环境中，企业间服务创新易雷同，只有缩短服务创新时间，快速推出新产品或服务，才能获得竞争优势；企业只有具备较强的关系学习和关系管理能力，才能提升企业资源获取效率和质量，并快速完成服务创新活动。因此，在激烈的竞争环境中，关系学习在关系管理能力与企业服务创新间起到了积极的催化作用。较强的关系管理能力使企业获得大量资源，较强的关系学习能力使企业快速转移、吸收和运用这些资源并顺利完成服务创新活动，领先竞争对手传递顾客价值，从而实现更佳绩效。总之，在高度动荡的市场中，关系管理能力和关系学习的结合效应将使企业的服务创新财务绩效最大化。因此，提出以下假设：

假设3：在高竞争强度下，关系学习能力强的企业，其关系管理能力与服务创新财务绩效之间的关系要强于关系学习能力弱的企业。

假设3a：在高竞争强度下，信息共享程度高的企业，其关系管理能力与服务创新财务绩效之间的关系要强于信息共享程度低的企业。

假设3b：在高竞争强度下，共同理解程度高的企业，其关系管理能力与服务创新财务绩效之间的关系要强于共同理解程度低的企业。

假设3c：在高竞争强度下，特殊关系记忆强的企业，其关系管理能力与服务创新财务绩效之间的关系要强于特殊关系记忆弱的企业。

第6章　员工创新行为、创新文化与服务创新综合绩效的关系模型

6.1　概念模型

6.1.1　员工创新行为及其作用

员工创新行为是在新想法的产生、实践、推广及运用等各个阶段中员工采取的所有行为（李伟和梅继霞，2018）。一方面，富有创新意识的员工会为了企业的产品、技术、工作流程及服务而广泛地寻找、发现创新的机会，针对这些机会产生构想或解决方案，并对它们的可行性进行试验；另一方面，员工还会调动资源，说服及影响他人支持创新，敢于挑战、冒险及通过个人努力使创新常规化成为企业日常运作的一部分。员工是企业进行创新的主要动力，他们的创新行为越来越受到重视。国内外学者对员工创新行为进行了如下界定，如表6-1所示。

表6-1　员工创新行为的相关研究

内涵	学者
问题识别、新想法与解决方案生成、推动以及实践的多阶段过程	Scott 和 Bruce（1994）
员工将有助于创新的构想应用到组织任一层面的个人行动	Kleysen 和 Street（2001）

续表

内涵	学者
将个体创新行为分为两个阶段：创新构想的产生和创新构想的执行	黄致凯（2004）
员工有意识地把新想法、新产品、新流程或新程序在工作角色、工作单位及组织中进行具体实践的行为	Yuan 和 Woodman（2010）
员工将新的想法与问题处理方法进行切实实践的行为	顾远东和彭纪生（2010）
由三个不同任务组成的复杂行为：思想生成、思想推广和思想实现	Wang 等（2015）
员工产生或采纳新想法并随后努力实施这些想法的行为	Lukes 和 Stephan（2017）
创新想法产生、支持寻求，以及将想法产品化的过程	杨德祥等（2017）
员工在新思想的发现、形成、推动和运用阶段采取的所有行为	李伟和梅继霞（2018）
员工将工作过程中的创新构想或问题解决方案赋予实践的行为，包括创新过程和创新结果两个阶段的行为表现	方阳春（2019）
员工产生、引进和应用有关产品、服务、流程、技术等对组织有潜在价值的新想法的过程	王晓艳和高良（2020）

资料来源：作者根据文献整理所得

员工创新行为是一个多阶段的连续过程。通过对代表性研究学者的文献梳理时发现，虽然不同的学者对员工创新行为的定义不同，但大多数学者都认同员工创新行为应该被视作多阶段的连续过程，不仅需要创新想法的产生，还需要把新想法付诸实践。本研究采用黄致凯（2004）对员工创新行为的定义，即员工创新行为是员工在工作过程中产生新的方法或者是新的思想，并在组织中将这种方法或思想成功付诸于实践当中，最终形成有价值的产品或服务的过程。员工个体开展创新行为，最终有可能会得到新产品、新服务、新技术、新工作流程等，无论是哪种创新产出，皆具有新颖性和创造性，对组织和个人而言都极有价值。

员工创新行为对企业的生存和发展起着重要作用。随着知识经济的快速发展和科学技术的迭代更新，外部环境的不确定性给企业带来了巨大风险和挑战（Li 和 Zheng，2014）。员工创新行为被认为是应对复杂的外部环境，使企业得以存活并获得竞争优势的关键行为。从短期来看，员工的创新行为能够不断调整现有工作方法，总结工作经验并提升业务技能，促使本人更好地完成当前工作；从长远来看，富有创新意识的员工会不断尝试新的工作方法，学习新的技能并可以提出全新的业务创意（李忆和吴梳梅，2019）。从以上短期和长期的视角来看，员工创新行为能够帮助企业获取持续竞争优势，进而促进企业的生存和发展。为了在变幻莫测的商业环境中获得竞争优势和持续发展，企业必须采取措施不断激发员工的创新意愿，鼓励员工实施创新行为，依靠员工在工作流程、方法和运作上的持续创新获得竞争优势，促进企业的持续生存和发展。

6.1.2　员工创新行为与服务创新综合绩效

员工创新行为是企业服务创新综合绩效的根基和关键影响因素。员工作为新思想、新技术的实施主体，员工的创新行为决定了企业通过开展创新活动为自己构筑竞争优势的能力和程度（白鸥等，2015；Kindstrom 等，2013）。通常，员工创新行为的发生还会伴随着一定的创新结果产出，这些产出可以转化为企业的创新绩效，最终变成企业整体绩效的重要组成部分。此外，诸多学者认为，服务创新绩效的产生高度依赖于员工创新行为。因此，企业必须采用有效管理模式和举措调动员工创新的积极性并刺激员工进行创新行为，这样才能在激烈的市场竞争中击败其他竞争对手，获取较高的服务创新绩效（Bharadwaj 和 Menon，2000；Egan，2005）。

以往研究表明，员工创新行为会通过直接和间接两种方式影响服务创新综合绩效。一方面，员工创新行为会直接影响服务创新综合绩效。企业创新始于员工的创造性思维与主动行为（李渊等，2019）。员工创新行为是对传统的突破甚至颠覆，往往具备超前性和大胆性，即“摸着石头过河”，以及高风险和高回报并存的特点（王弘钰和万鹏宇，2020）。面对高度的环境不确定性，员工在工作或产品生产过程中通过开发、利用和实施各种新想法和新方法等一系列创新行为，有助于企业在动态的竞争环境中快速实现产品或服务过程创新（Yuan 和 Woodman，2010）。

另一方面，员工创新行为也会间接作用于服务创新综合绩效。企业的一切活动均高度依赖于各种知识，服务创新离不开知识的有效产生和利用，而员工作为企业内部创造和传播知识的主体，员工创新行为可以有效提高知识产生和传播的速度，进而提升服务创新综合绩效。此外，随着企业与顾客间的交流与互动愈发频繁，顾客的主人翁意识逐渐增强，潜在需求日益被激活，而员工服务创新行为将企业知识与人力资本高度融合（王保利等，2020），能够更好地满足顾客的个性化需求，在实现顾客价值最大化的同时保证服务的高附加值，顾企之间形成良好的互动导向，进而提升服务创新综合绩效。

6.1.3 创新文化与服务创新综合绩效

创新文化为员工创新行为营造有利的内部氛围，能够充分凸显员工创新行为的效果，从而提升企业创新及其综合绩效（金吾伦，2006）。创新文化能够营造有利于创新的氛围，破除阻碍创新的旧有观念，集聚各种创新要素。在管理实践中，良好的文化氛围能营造培养员工创造力的环境、提供员工创新行为产生的诱因（杜璿和邱国栋，2019）。作为企业开展创新活动的根本，员工创新行为属于角色外行为，将使个体面临更多风险和更多的心智资源消耗。因此，员工的创新行为往往需要对创新的积极态度或信念的支持才能产生并维持，而创新文化赋予了员工对组织变革和创新行为的积极信念，这种信念将产生创新行为意向，进而促使员工表现出创新行为。另外，在创新氛围比较浓厚的组织环境中，员工可以充分发挥自身的创造性，不断尝试和体验各种新思维和新方法，加快企业创新实践活动（李佳宾和汤淑琴，2017）。

创新文化能够促进服务创新综合绩效在组织中的实现。相关研究表明，员工创新行为所带动的服务创新综合绩效增长是难以控制的，而组织中创新文化的形成可以为服务创新综合绩效的提升提供持续性保障。原因在于创新文化能够激励员工，使其产生的行为具有创造性、开放性与冒险性。当员工感知到自己所处的工作环境是鼓励员工进行创新的，员工会主动向符合组织价值观的方向进行心理调适，促使自己形成组织所期待的乐观、坚韧的精神品质和善于提出新思想、新观念的心理状态，从而极大地发挥出自己的创新能力。另外，企业内创新氛围浓厚意味着企业对创新活动是高度支持的，企业愿意为员工提供丰富的资源、承担更高的创新风险（Ren 和 Zhang，2015）。这不仅为员工把创新想法转化为创新产出提供了物质条件，还能鼓励员工充分发挥才能，使其在工作中实现自我价值（Chang 和 Yang，2012）的同时提升企业综合绩效。

伴随着企业的成长，文化是进行更高层次创新的基石。创新文化越切合，就越能刺激员工创新行为的发生，进而促进新技术、新产品和新服务的产生，最终提升企业的服务创新综合绩效。所以说，每个出色的企业都要依附于某种切合的创新文化，且该文化一定要根植在组织成员当中（曹洲涛和陈瑾淅，2012）。即创新文化越丰富，员工开展创新活动的意愿越强烈，越有助于创新行为的产生，进而提高企业的服务创新综合绩效。

6.1.4　冗余资源与服务创新综合绩效

冗余资源是企业现有资源同企业维持当下运营所必需的资源间的差额，即未投入使用的资源或给个人与部门带来安全感与满足感的资源

(唐朝永和陈万明，2018)。冗余资源反映的是企业所拥有资源的宽裕程度，具有缓冲环境变化的作用(高孟立，2017)。企业的冗余资源能够在组织实施新战略或者开发新产品等一系列创新项目时给予所需的资源支持，它有助于个体在获得创新的过程中消除创新负面影响，从而对企业整体创新过程产生重要影响。

冗余资源为企业开展创新活动提供了必要的资源支撑。一方面，冗余资源在企业中发挥缓冲作用，能够使企业摆脱开展创新活动的资源束缚。如果每一个员工都能在工作中积极思考和探索工作创新的方式，为企业创造新知识，那么企业就会进入创新的良性循环(于海云和向娇娇，2019)。而实现这一目标的前提是企业要拥有足够的资源以支持员工的创新行为，使员工可以大胆地进行不同的尝试并避免遭受资源损失带来的打击。并且，员工在创新过程中可能会面临不确定性与未知风险，从而使员工产生较大的压力，企业如果拥有充足的资源就可以有效降低员工的压力感，使员工更加专注地投入到具有挑战性的工作中。另一方面，冗余资源能在某种程度上帮助企业塑造创新文化，即便在创新结果无法确定的情况下也使得企业敢于创新(万伦来和吴少卿，2016)。作为实际或潜在的缓冲资源，冗余资源允许企业调节内外压力以适应政策的改变，重新部署战略来面对外部环境变化。

冗余资源对服务创新综合绩效的影响具有两面性(赵亚普等，2014；赵亚普和李立，2015)。一方面，冗余资源可以作为企业进行服务创新的资源储备，能够提高企业经营者面对服务创新风险的承担能力，从而促使管理者勇于提出创新型战略决策，鼓励企业实现服务创新突破，对企业服务创新综合绩效产生积极影响。另一方面，过剩的资源储备会形成浪费，增加了企业的运营管理成本，降低了企业的运营效率，并且使得企业管理者盲目乐观，对企业绩效具有消极作用(万伦来和吴少卿，2016)。由上述可知，组织冗余资源对企业服务创新综合绩效既有积极作用也有消极作用，两者呈现的是倒“U”形曲线关系。一般来说，当企业持有较少数量的冗余资源，会促进企业进行服务创新，当冗余资源的积累超过一定范围后，继续增加冗余资源只会对企业服务创新综合绩效产生负面影响。

综上所述，在考虑创新文化和冗余资源的联合作用下，提出了员工创新行为与服务创新综合绩效之间的关系模型，如图6-1所示。同时，结合服务业与制造业的具体情境构建了企业服务创新综合绩效及其影响因素的理论模型。讨论了员工创新行为与服务创新综合绩效之间的关系，以及创新文化和冗余资源在员工创新行为和服务创新综合绩效之间的双重调节作用。

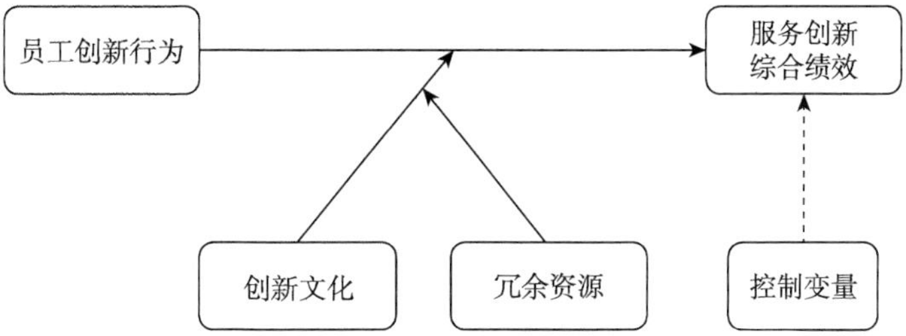

图 6-1　概念模型

6.2　员工创新行为与服务创新综合绩效的关系研究

员工创新行为是一种对企业具有高度建设性的行为。员工是创新思想的源泉，在推动企业服务创新中扮演着执行者的角色（杨洋等，2015）。本书所探讨的服务创新是广义的服务创新，是组织基于某种目的在一定的条件下对组织现有的服务要素及服务体系进行变革，包括新特征、新流程和新服务交付方式的服务产品和流程创新，旨在提升组织的服务质量、开拓新的市场、实现新的产品价值同时保持持续竞争力的过程。在企业的实际运作过程中，员工每天都投入到特定的技术、产品、服务或营销等日常工作任务中，他们对任何一个工作流程都有着丰富的知识经验，并能够准确识别、了解客户的真实需求，会根据实际状况寻找可以改善公司、部门的工作流程或服务的机会，并主动推动新构想使其有机会被实行。所以，员工对于企业服务创新活动的顺利实施起关键作用（李佳宾和汤淑琴，2017）。

行业不同，追求服务创新的方式也存在差异。对于服务业和制造业而言，两个行业虽然重视着相似的服务创新元素，包括有形或无形的服务产品（例如面包或音乐会）、配套的服务设施（例如餐厅）以及服务产品提供系统等（员工、设备组织和其他允许向客户提供服务的系统），但这些元素对两个行业的相对重要性却是不同的。对于制造业而言，不仅要保证产品质量、产品创新优势，还要保证持续地创新企业产品和依附于产品的服务。而对于服务业而言，最重要的是人力资源（Blindenbach-Driessen 和 Ende，2014），服务企业要通过员工不断更新服务模式及相关产品，努力提高顾客的满意度，进而提升企业绩效。

6.2.1 服务业中的员工创新行为与服务创新综合绩效

在服务业中，员工创新行为是促进服务创新综合绩效的关键因素。一方面，服务创新综合绩效既有创新的特性，又具有服务自身的特性，其衡量结果不仅会受到创新特性的驱动，还会受到服务特性的影响（蒋楠等，2016）。基于服务的无形性与服务创新的顾客导向性，企业员工发挥着不可忽视的作用。员工可以频繁地与顾客进行直接接触，注意到工作中出现的问题，发现阻碍和破坏服务传递的因素。具有创新意识的员工会针对出现的问题提出构想或解决方法以满足消费者的个性需求，以及通过创新行为为顾客提供个性化服务，这些都有助于提高顾客满意度，进而提升企业的服务创新综合绩效（杨艳玲和田宇，2015）。

另一方面，即使在企业正常运行的情况下，富有创新意识的员工也会找寻改进现有服务的方法，尝试可能产生益处的改变，力求以更少的资源提供现有的服务或以同样的资源为消费者提供更优的服务，进而提升服务创新综合绩效。总之，员工作为顾客与企业沟通的桥梁，能够准确地找出问题的根源，并通过采取一系列的创新行为解决问题，给顾客带来更优的服务，进而有助于企业服务创新综合绩效的提升。因此，在服务业中，我们认为：

H1a：在服务业中，员工创新行为正向影响企业的服务创新综合绩效。

6.2.2　制造业中的员工创新行为与服务创新综合绩效

在制造业中，员工创新行为是影响服务创新综合绩效的重要因素。一方面，制造企业员工除了参与特定的技术、产品生产等日常工作之外，还包括提供服务。其提供的服务主要依附于产品，而不仅仅是简单地为顾客提供维修、保养、培训等服务。制造企业中的员工创新行为可以优化产品生产流程，降低项目的平均费用，有利于缩短创新周期，加快新产品投入市场的速度，如此不仅可以降低市场不确定性，还可以帮助企业抢占市场先机，有利于提高企业的市场竞争力和投资回报率（Kopalle，2006）；另一方面，制造业员工个体的创新行为不仅能够提升产品的价值，还可以将产品价值产生过程中的服务活动拓展到产品以外，同时结合客户不断变化的需求，深入挖掘客户的潜在需求并为他们提供相应的需求解决方案。比如，为企业提供依附于新产品的信息咨询与技术支持等服务，进而不断创新企业产品和依附于产品的服务。总之，员工创新行为可以提高制造业企业的服务创新效率，持续向市场推出丰富优质的新服务，不断为顾客带来良好体验和新鲜感受，从而提高顾客满意度和忠诚度，有利于企业获取良好的服务创新综合绩效（杨艳玲和田宇，2015)。因此，在制造业中，我们认为：

H1b：在制造业中，员工创新行为正向影响企业的服务创新综合绩效。

6.3 创新文化的调节作用

创新文化鼓励员工在创新实践中发挥创造力、具有开放性和冒险精神，同时也强烈预示着创新趋势。作为一种能够渗透到创新主体的潜在因素，创新文化影响着员工的思想和行为，并化作人文精神和人文环境助推企业员工的能力转型（仲亚松，2015)。在创新文化的支持下，员工努力探索新机会和新想法是创造新产品和新服务的决定性因素，员工充分发挥自己的创造力、新思想和新方法，增强了企业创新能力。Jassawalla 与 Sashittal（2002）在研究中把组织创新文化界定为一种社会认知环境，并认为在这种环境中组织个体能够积极尝试创新。Shalley 和 Gilson（2004）提出，假如组织成员能够感知公司现有的价值观且十分注重创新产出的结果，那么他们就会致力于寻找和实践创新想法，努力帮助公司达成创新目标。由此我们认为，创新文化在员工创新行为和服务创新综合绩效二者相互作用中发挥着一定的调节作用。

创新文化贯穿于企业的整个创新活动过程，企业员工的创新行为无不围绕着企业的创新文化展开。首先，创新文化贯穿于企业创新活动的全过程，能促进企业的可持续发展。一个企业能否实现可持续发展的关键在于其能否不断创新，而创新文化能够不断激发组织内创新思想、创新行为和创新活动的产生。其次，创新文化凝结着企业员工创新的价值取向，调节着创新资源的配置，规范着创新活动相应的评估标准和激励方式，从而促使企业员工形成良好的创新行为和习惯。最后，作为企业价值创造的载体，员工在整个新价值创造过程中起着非常显著的作用，是企业创新的源泉。由于创新文化的核心是激励探索、鼓励创新和包容失败（李莉，2018），所以在拥有创新文化的企业中，员工会更加积极大胆地进行创新，进而提升企业的服务创新综合绩效。

创新文化作为一种深化和细化的组织氛围，有利于激发员工一系列创新行为，并最终提升企业服务创新综合绩效。首先，在创新氛围较强的组织内部，组织支持创新的认知会进一步调动员工创新的主观意愿，激励其对创新活动的投入，从而更有利于实现提升组织绩效的创新行为。有研究表明，员工能否表现出创新行为、得到创新结果，与其所在组织能否提供一个允许失败、奖励创新的组织创新氛围息息相关。创新文化允许员工犯错，并启发员工从差错中学习，引导员工去探索未知领域。其次，员工在拥有积极的创新文化的组织中可以分享和交流差错知识，提高组织和员工的差错处理能力，进而增强员工探索、创新的意愿。所以，在具有创新文化的企业中，员工的创新意识会更加强烈，执行创新行为的能力也会得到提高，从而提升企业的服务创新综合绩效。最后，无论是对服务业还是制造业而言，创新文化对企业绩效都有着不可或缺的作用，创新文化越高，越有助于员工大胆地开展创新活动，促使他们产生创新行为，进而提高企业的服务创新综合绩效。

对于服务业而言，创新文化对于提高企业现有服务的质量和效率至关重要。一方面，创新文化会影响员工的心理氛围，使员工感知到合理的冒险是被鼓励的，从而提高他们的创新意识；另一方面，创新文化能够激励员工探索向客户提供服务产品的新渠道、新策略和新方法。因此，在提高服务质量、产品效率、营销策略和服务绩效方面，员工创新行为可以通过创新文化的优势获得更出色的服务创新综合绩效。

在制造业中，员工感知到的创新文化越高，他们就越倾向于将新想法付诸于创新实践。在较浓氛围的创新文化中，员工主动探索新技术和新产品以满足客户不断变化的需求。同时，在与客户互动的过程中，员工也会以产品为载体，开展与服务相关或面向服务的创新活动。这些活动能够有效提高产品的差异化程度，为客户带来更大的附加价值，使企业获得更大的竞争优势，进而提升企业的服务创新综合绩效。因此，我们提出假设：

H2a：在服务业中，创新文化促进了员工创新行为和服务创新综合绩效的关系。

H2b：在制造业中，创新文化促进了员工创新行为和服务创新综合绩效的关系。

6.4 创新文化和冗余资源的联合作用

创新文化和冗余资源可以共同影响企业中因员工创新行为所产生的服务创新综合绩效。因为创新文化和冗余资源能够在企业的经营环境中共存，这两种因素就可能会产生共同作用。首先，当企业以服务为导向时，应重视文化创新，特别是在以服务为基础的环境中，消费者的复杂性会刺激企业不断创新文化以应对外界需求的变化。其次，有研究表明，冗余资源决定了企业的增长潜力和创新的动力（王倩等，2020），对于注重培养、激发员工创新行为的企业来说，这种资源在动荡的市场环境中尤为重要（田雪莹，2015）。冗余资源可以帮助企业员工在发现市场变化时及时调整策略，使企业迅速响应市场要求和客户需求。因此，当企业以服务为导向时，如果拥有充足的冗余资源，就有可能会鼓励员工进行持续创新，以减少外部不确定性因素的影响。

冗余资源为员工开展创新活动提供了必要的支持。在拥有大量冗余资源的企业中，员工的创新行为能够得到充分的资源保障，最终顺利实施以应对客户和竞争对手的市场变化。另外，冗余资源具有不易流动性，在市场上交易非常困难（王倩等，2020），为了充分发挥资源效用，企业也应该进行持续创新，因为面对的不确定性越来越大，企业必须根据市场需要调整运营模式和工作方法等，以确保经营成功。冗余资源与创新文化相结合，将激励员工积极创新，利用机会提高服务创新综合绩效。因此，冗余资源和创新文化被视为员工创新行为实践中的组织支持。换句话说，创新文化越高，冗余资源越多，员工创新行为与服务创新综合绩效之间的关系就越强。不同类型的冗余资源对组织行为和管理者决策产生的影响有很大差异。虽然冗余资源的类型在服务和制造业中有所不同，但它所产生的影响都是积极的。

在服务业中，冗余资源主要包括人力资源和固定资产。多余的人力资源可以满足旺季时期对劳动力的需求和组织成员意料之外的需求等。在创新氛围较浓厚的服务企业中，丰富的人力资源在一定程度上加大了员工之间的竞争，促使员工积极开展创新活动，而员工为了获得竞争优势，会进行各种服务创新行为。固定资产主要指经营场地的配套设施等，对于实物存货的冗余程度要求并不是很高（刘冰，2015）。丰富的固定资产和实物存货为员工开展服务创新活动提供了更大的平台和空间，再结合企业良好的创新文化，会高度激发员工的创造力。

在制造业中，冗余资源主要是指组织、生产和制造设备的现有资源以及过剩产能。在具有较浓创新文化的制造企业中，员工可以将多余的资源用于创新项目，例如开发新产品和进入新兴市场、实施新战略时将有更多选择（周霞，2017）。因此，若创新氛围较浓厚的制造企业能够充分利用组织的冗余资源开展新项目或新战略，则可以有效利用处于闲置状态的资源，降低资源贬值风险，实现企业资源有效运转并持续提升企业综合绩效。此外，在公司创新文化和冗余资源的支持下，员工将花费更多的时间和精力去进行创新实践，开发新产品和依附于产品的新服务，以满足顾客不断变化的需求，进而改善服务创新性能并不断提升企业的服务创新综合绩效。因此，我们提出：

H3a：在服务业中，冗余资源促进了创新文化在员工创新行为和服务创新综合绩效间关系的正向调节作用。

H3b：在制造业中，冗余资源也能促进创新文化在员工创新行为和服务创新综合绩效间关系的正向调节作用。

第7章　研究设计

为检验第5、6章中的概念模型和假设，本章采用问卷调查的方法收集数据，包括设计问卷、发放问卷、收集问卷，并对问卷数据进行整理，运用 SPSS 20.0 软件通过统计分析的方法对数据进行分析，验证本文的模型假设。

7.1　问卷设计

对确定主题的论证方法主要分为两大类：实证研究和理论研究。依据 Robert（2002）的观点，在实证研究中可以根据以下三种因素选择适宜的研究方法：①研究主题的内容；②在研究主题过程中对行为事件的控制程度；③研究重点是关注当前行为事件还是历史行为事件。在实证研究中经常被采用的方法有：实验法、调查法（分为问卷法和访谈法）、案例研究法、现有统计数据分析法和历史资料分析法。各研究方法的适用领域如表7-1所示。

表7-1　各研究方法的适用领域

研究方法	研究主题的内容	是否需要控制行为事件	研究重点为当前行为事件
实验法	怎样？为什么？	需要	是
调查法	谁？怎么？哪里？多少程度？	不需要	是

续表

研究方法	研究主题的内容	是否需要控制行为事件	研究重点为当前行为事件
案例研究法	怎样？什么？	不需要	是
现有统计数据分析法	谁？什么？哪里？多少程度？	不需要 —	是/否 —
历史资料分析法	怎样？为什么？	不需要	否

资料来源：引自 Robert（2002）的研究

本研究的主要内容为企业关系管理能力、关系学习、员工创新行为、创新文化对服务创新绩效的影响，该主题不需要控制调查对象的行为，研究主要关注调查对象当前的行为而不是历史行为，考察企业关系管理能力、关系学习、员工创新行为、创新文化“怎样”（How-Type）影响服务创新绩效。虽然访谈法相对于问卷法能获得更详尽的数据和信息，但是访谈法花费时间较长、成本较高、得到的样本数量有限，对于本研究而言可行性较低。此外，采用大规模问卷调查，有如下优势：①大规模调研可以获取大样本数据；②问卷调研的数据可以被量化，并能应用于统计分析；③在存在样本误差的情况下，来自问卷调研的信息更为准确。同时，大量有关网络能力、知识获取和服务创新绩效关系的实证研究”改为“大量有关关系管理能力、员工创新行为和服务创新绩效关系的实证研究都采用了大规模问卷调研的方式。综合以上因素，本研究采用调查法中的问卷调查法探讨企业关系管理能力、员工创新行为对服务创新绩效的影响，通过大规模问卷调研的方式获取数据，采用相应的统计分析方法验证第 5 章和第 6 章提出的概念模型和假设。以此为基础，我们参照以往问卷调研的过程，采取文献归纳和整理，查找相关题项→中英文互译及核查→专家访谈及修改问卷→预调研检查并修正问卷→正式问卷步骤设计问卷和收集数据。

7.1.1 初始问卷的设计

问卷设计是问卷调研的一个关键环节，可靠和有效的问卷设计是问卷调研成功的前提。通过对以往文献的归纳整理，发现目前关于关系管理能力、关系学习、员工创新行为、创新文化和服务创新绩效的实证研究多是由西方学者开展的，且国内学者较多采用国外学者的问卷。因此，为了提高问卷的可靠性和有效性，本书采用国际上通用的做法，在变量的选取和题项的确定上主要参考国外研究文献，其优点在于已有量表经过了大量实证检验，得到了相关研究领域学者的认同，具有良好的信度和效度，便于我们与以往研究做对比分析。

我们通过追本溯源的方法，对最先看到的问卷进行量表来源的追踪，找到最初设计本量表的学者及文献，通过仔细阅读量表最初设计者的文献来明白其要表述的真实想法，据此将原量表翻译成中文。对中文量表进行回译，再翻译成英文量表，并与原量表对比，调整不一致的地方，最终形成我们的中文量表，充分保证了最终量表是原量表精准的中文表达。随后，在不改变问卷表达意思的前提下，我们对问卷部分的阐述进行细小的改动，使问卷更通俗易懂，方便被调查者理解问题。采用已有量表的优势在于其经过了实证检验，得到了相关研究领域学者的认可，具有良好的信度和效度，同时便于我们与以往研究进行对比分析研究。

本研究的问卷由调研阐述、基本信息、问题项三个部分组成。第一部分是调研阐述，我们向被调查者真实而详细地说明此次调研的目的，承诺问卷所有信息仅用于学术研究，不泄露、不评价填写人的任何信息和行为，请求被调查者对调研放心，填写真实的信息和选项。第二部分是被调查者的基本信息，我们要求被调查者填写其所在公司基本信息和个人信息，其目的主要有四个：一是保证被调查者及所在公司的真实性；二是通过被调查者个人信息的填写，可以看出被调查者是否满足关键信息源的要求，所填问卷能否真实反映企业情况；三是我们承诺向被调查者每人赠送价值 50 元的礼物，作为被调查者真实参与问卷的回报，留下被调查者基本信息方便我方支付报酬和分享研究成果；四是可以看出本调研的样本企业特征，判断样本是否能代表总体，并通过对不同类别样本的分类处理，为检验本研究的概念模型是否具有行业或地区差异提供可能。第三部分是问题项，是服务创新绩效影响因素的调查。该部分内容中的测度题项反映了模型的概念变量，主要包括关系管理能力、关系学习、竞争强度、员工创新行为、创新文化、冗余资源、需求不确定性、过程控制、网络规划能力、资源识别与获取、服务创新财务绩效和服务创新综合绩效的调查。

本研究在调查问卷的编排上参考了国外问卷调研的经验，同时针对我国企业的具体情况和以往调研的经验，结合我国企业的基本情况和问卷填写人的接受理解力对问卷形式进行了调整。为了保证填写者能正确有效地填写调查问卷，我们在设计问卷时采取了以下措施：第一，问卷是结构化形式，将问卷分为填空题和选择题，选择题均采用李克特七点量表来衡量被调查者对问题项的认同程度，其中 1 代表完全不符，2 代表基本不符，3 代表不太符合，4 代表无所谓，5 代表部分符合，6 代表基本符合，7 代表完全符合。同时，由于问卷涉及企业经济活动中的关系管理能力、关系学习、员工创新行为、创新文化、服务创新绩效等多个不同的方面，我们将不同类型的问题分为大类和小类，便于问卷填写人的理解和填写；第二，我们在每一份问卷题头都附上本问卷调研的目的和详细的填写指南，并向填写人保证其回答的问题是保密的，消除其对调研的排斥心理，提高其参与调研的积极性。

7.1.2　预调研与正式问卷的形成

问卷初步完成后，为确保问卷的结构和内容全面反映本文拟定的各种问题以及消除问卷文字表述和调查方法等方面存在的漏洞，我们随机选取了10家企业进行预调研，调研对象是在本企业拥有两年以上工作经验且对该企业整体情况有较为详细了解的职员，具体内容如下：首先，我们的课题组成员向被调查者详述问卷填写方法，并对其提出的疑问做出明确具体的回答；其次，问卷填写完后，与填写人进行交谈，认真听取他们的意见和建议，包括调查问卷的结构是否合理，文字表述是否通俗易懂，各变量的相关题项是否反映企业的实际情况等。根据预调研结果，我们对问卷进行优化和修改，进而形成正式的调查问卷。并且，为保证数据的真实性和有效性，预调研所收集的数据不在最终样本中体现。

7.2 调研设计

7.2.1 调研对象的选择

行业选择。本研究的服务创新为广义上的服务创新，包括服务业和制造业在内的所有行业的服务创新，因此采用跨行业调研，调研对象涉及农业、制造业、建筑业和服务业，其中以制造业和服务业两大行业为主。

地区选择。为了提高研究成果的普遍适用性，本调研选择在全国范围内进行，其中北方以河南、北京、山东为主，南方以上海为主。企业样本遍布全国各地，能够较好地反映出全国范围内企业关系的具体情况，具有普遍的研究意义。

关键信息员选择。为了保证被调查者全面真实地掌握企业信息，本调研原则上要求问卷由企业内有两年工龄以上的中高层管理者填写。

7.2.2 实地调研和数据收集

本研究通过筛选调研对象和培训调研人员保证问卷回收质量。在调研对象筛选方面，选定拟调研地区后，通过当地公开出版的企业名录确定企业名单，从中随机抽取一部分制造业企业和服务业企业，并与企业取得联系，询问其参与调研的意愿，以确保这些企业能够参加问卷调研；在调研人员培训方面，随机抽选一些在校学生（包括在校大学生、研究生以及 MBA 学员等），这些学生来自不同的地区，其中包括部分正在或即将参与社会实践的本科生以及部分在职研究生，他们可以向所在企业或实习企业发放问卷，并对参与问卷发放的人员进行问卷发放相关事项的培训。综合分析各种因素之后，我们对小组成员进行了参与调研企业名单的分配，最终调研以实地发放调查问卷为主，以邮寄和电子邮件发放为辅。

问卷的调研时间为 2014 年 1 月—6 月，发放 500 份问卷，共计回收问卷 374 份。通过对回收问卷的整理和筛选，剔除 76 份无效问卷，最终得到有效问卷 298 份，有效回收率为 74.8%。问卷无效的主要原因有问卷填写不完整或缺省值较多。随后，严格依据国家统计局发布的 2017 年《国民经济行业分类》，对数据库中满足制造业和服务业划分标准的企业进行了详细筛选，最终得到符合标准的制造业调查问卷 86 份，服务业调查问卷 179 份，共 265 份，问卷的有效利用率为 70.9%。调查数据采用 SPSS 20.0 进行分析和处理。

调研结束后，为了确保数据输入准确无误，我们采取了以下步骤：第一步，同一份问卷由两位成员分别录入两个数据库中，所有问卷录入完成后形成两个数据库；第二步，通过导入专门编写的程序在两个数据库中进行数据比对，将两个数据库中有差别的数据与原始问卷进行核对和校正；第三步，数据校正完成后，再通过该程序比对两个数据库中的数据，如果两个数据库中的数据没有差异，可继续进行第四步，如果两个数据库中的数据仍存在差异，则需要重复第二步和第三步，直至数据完全没有出入；第四步，从所有问卷数据信息中随机抽取一部分再次进行核对，确保数据输入的完整无误。

7.2.3 样本的检验

为了保证样本数据的可靠性和有效性，我们进行了相应的检验。

1. 关键信息员资格审查

由于在问卷调研中我们采用了关键信息员的方式，这需要对其资格进行审查，以确保填写问卷的关键信息员熟悉所调研的内容。因此，我们在问卷中专门设计了一些题项以确保问卷填写人员熟悉调研内容并易于填写问卷。首先，我们将调研对象定位在企业工作两年以上并对企业整体运营情况较为熟悉的中高层管理人员之中；其次，我们采用李克特七点量表（1=完全不符合，……，7=完全符合），专门询问问卷填写人员是否熟悉企业运营情况。有效问卷计算得出填写问卷人员的工作年限均值为4.688年，中高层管理人员占据近70%，说明问卷填写人员较为了解本企业与外部组织间的关系，能够具体、有针对性地回答问卷中的问题，确保了问卷信息收集的准确性和真实性。

2. 问卷的效度分析

在问卷录入以后，为了验证问卷中题项的有效性，我们根据吴明隆（2000）的建议，对问卷的效度进行了分析，具体做法如下：对有效样本包含的所有问题项得分进行加总求和，然后对每个样本的总和进行排序，同时将分数最高的27%的样本分为高分组，将分数最低的27%的样本作为低分组，而后求出每个题项在高分组和低分组的均值，对其进行T检验，如果两者存在显著差异，说明这个问题有效；反之，无效。检验结果说明问卷中所有问题都是有区分度的。

3. 无偏性检验

为了判定回收问卷是否具有代表性，我们进行了多次无偏性检验。

首先，我们对比先前的回收问卷和后期的回收问卷中被调研企业规模、企业类型及填写人员工作年限、职务等题项，统计结果中没有发现显著差异，这说明前期和后期问卷来自同一个样本，不存在样本偏差。其次，我们选取未寄回问卷的人员，询问了有关企业规模、企业类型及其工作年限和职务等问题，独立样本 T 检验显示，寄回问卷和未寄回问卷在上述问题上没有显著差异。因此，本次调研不存在回答的差异性，收回的问卷具有一定的代表性。

4. 普通方法误差检验

由于测量的所有因子均来自同一份问卷，可能会出现普通方法误差。如果存在普通方法误差，那么将相关的题项（如因变量、自变量、中介变量、调节变量等）放在一起做因子分析时，会出现单一因子或一个因子解释大部分方差等问题。我们根据 Harman 单因素检验，将所有题项放在一起做因子分析，检查非旋转因子分析的结果，发现没有出现单一因子，也没有出现一个能解释大部分方差的变量，这说明了我们样本中不存在普通方法误差问题。

7.3　调研数据的基本特征

7.3.1　关键信息员的基本特征

问卷调查的关键信息员为企业中高层管理者，其基本特征包括工作年限、学历和年龄，如表 7-2 所示。①从工作年限情况来看，关键信息员的工作年限主要集中在 2～7 年之间，占总有效样本的 97.99%。其中，2 年（含）以上 3 年（含）以下的有 47 人，占总有效样本的 15.77%；3 年以上 5 年（含）以下的有 122 人，占总有效样本的 40.94%；5 年以上 7 年（含）以下有 123 人，占总有效样本的 41.28%。

②从学历情况来看，关键信息员中具备大专及以上学历的人数占总有效样本的76.18%。其中，大专学历的有55人，占总有效样本的18.46%；本科学历的有131人，占总有效样本的43.96%；研究生学历的有42人，占总有效样本的14.10%。③从年龄情况来看，关键信息员的年龄主要集中在40岁以下，占总有效样本的80.20%；41～50岁占12.42%，50岁以上只占2.68%。总体来看，填写问卷的企业中高层管理者的工作年限、学历和年龄都符合关键信息员的要求，对企业整体运营情况较为熟悉，保证了问卷调查数据的真实性和有效性。

表7-2　样本填写人的基本特征

特征	分类	频次	百分比（%）	累计百分比（%）
工作年限（Y）	Y<2	5	1.68	1.68
	2≤Y≤3	47	15.77	17.45
	3<Y≤5	122	40.94	58.39
	5<Y≤7	123	41.28	99.66
	缺省值	1	0.34	100
学历	高中以下	19	6.38	6.38
	高中/中专	40	13.42	19.80
	大专	55	18.46	38.26
	本科	131	43.96	82.22
	硕士	41	13.76	95.98
	博士	1	0.34	96.31
	缺省值	11	3.69	100
年龄	30岁以下	148	49.66	49.66
	30～40岁	91	30.54	80.20
	41～50岁	37	12.42	92.62
	50岁以上	8	2.68	95.30
	缺省值	14	4.70	100

7.3.2　样本企业的基本特征

样本企业基本信息主要包括企业所处行业、所在城市、企业规模等。

1. 样本企业的行业分布

在企业行业类别上，被调研企业涵盖了服务业、工业（主要指制造业）、建筑业和农业四大行业，如图 7-1 所示，说明四个行业的企业在样本中均有一定数量，具有良好的代表性。

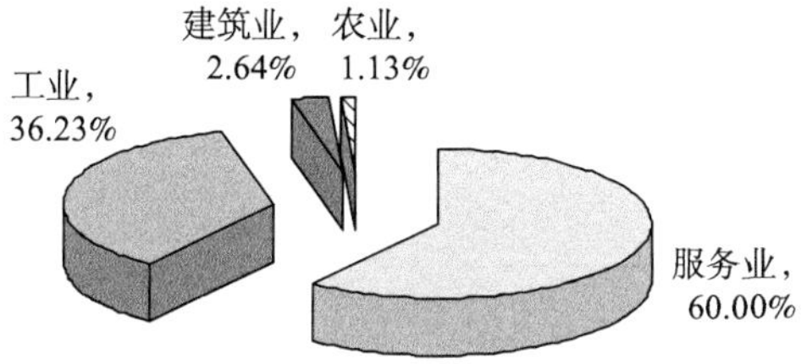

图 7-1　企业所在行业百分比

2. 样本企业的规模

员工人数、年营业收入反映了企业规模的大小。其中，从员工人数来看，50 人以下的企业共计 65 家，占总有效样本的 21.83%；50～200 人的企业共 71 家，占总有效样本的 23.83%；200～1000 人的企业有 68 家，占总有效样本的 22.82%；1000 人以上的企业 84 家，占总有效样本的 28.19%；未填写员工人数的问卷有 10 份，占总有效样本的 3.36%，如图 7-2 所示。从年营业收入来看，20 亿元以上的企业共有 54 家，占总有效样本的 18.12%；50 万～100 万元的企业有 25 家，占总有效样本的 8.39%。除此之外，其他年营业收入的企业数量在 6～19 家之间，占总有效样本的 2%～7%，未填写企业年营业收入的问卷有 27 份，占总有效样本的 9.06%，如图 7-3 所示。总体来看，本次调研涵盖了大型、中型、小型规模的企业，问卷具有良好的代表性。

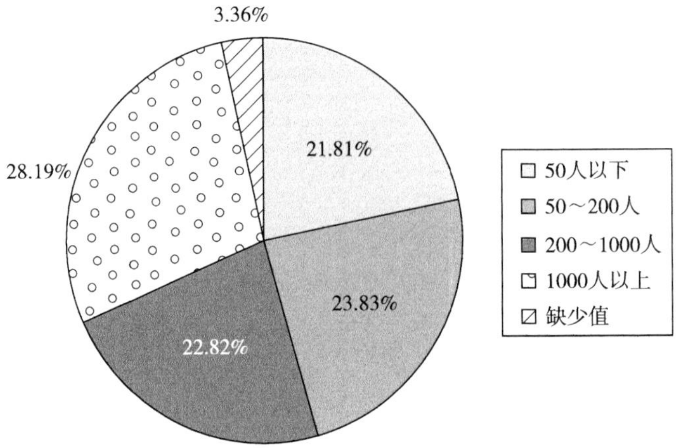

图 7-2　员工人数分布图

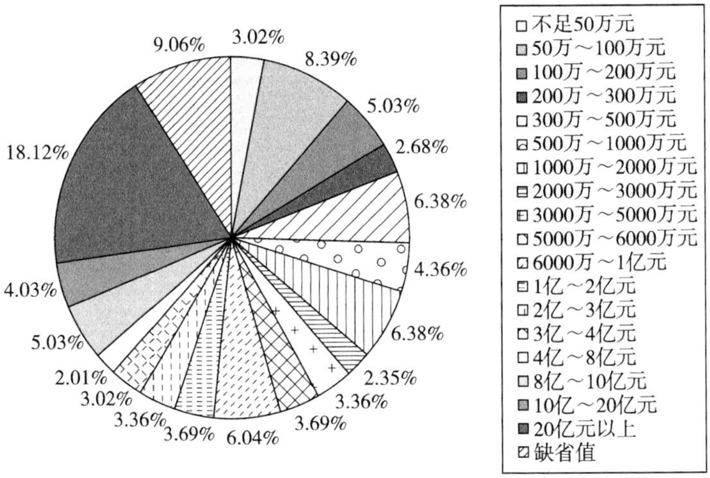

图 7-3　企业年营业收入状况

在服务业样本企业中，各规模员工人数的企业数量分布十分均匀，表明问卷调查涵盖了各种规模的企业，具有很好的代表性，如图 7-4 所示。其中，员工人数在 50 人以下的企业有 49 家，占服务业总有效样本的 27.37%；员工人数在 50～200 人的企业有 41 家，占服务业总有效样本的 22.90%；员工人数在 200～1000 人的企业有 49 家，占服务业总有效样本的 27.37%；员工人数在 1000 人以上的企业有 35 家，占服务业总有效样本的 19.55%；未填写员工人数的问卷有 5 份，占服务业总有效样本的 2.79%。

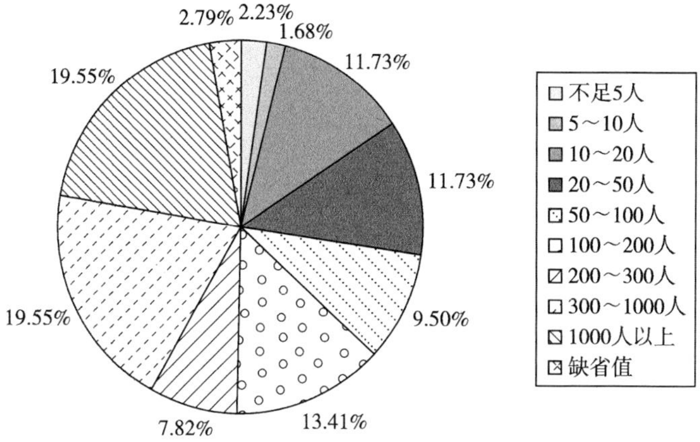

图 7-4　企业员工人数分布图（服务业）

从年营业收入来看，所调研的服务业企业中，年营业收入在 20 亿元以上的企业有 23 家，占服务业总有效样本的 12.85%；年营业收入在 50 万～100 万元和 1000 万～2000 万元的企业数量分别占服务业总有效样本的 8.94%和 7.82%；其他年营业收入的企业分别占服务业总有效样本的 1%～8%；未填写企业年营业收入的问卷有 20 份，占服务业总有效样本的 11.17%，如图 7-5 所示。这说明，不同年营业收入的企业分布相对均匀，样本企业具有良好的代表性。

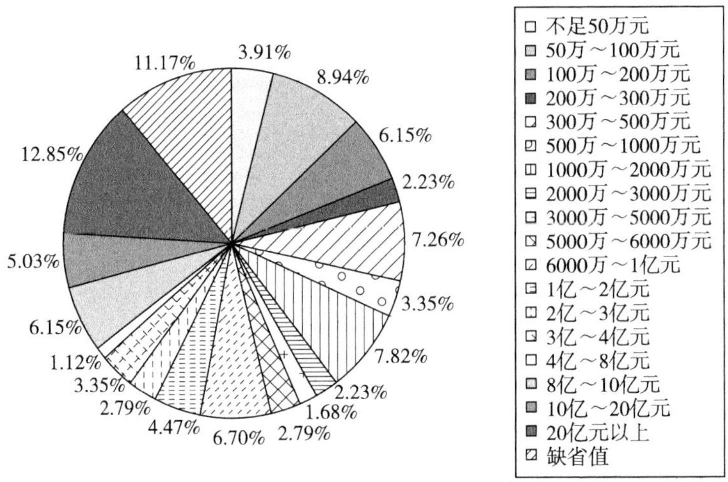

图 7-5　企业年营业收入分布图（服务业）

在制造型企业中，员工人数在 50 人以下的企业有 11 家，占制造业总有效样本的 12.79%；员工人数在 50～200 人的企业有 18 家，占制造业总有效样本的 20.93%；员工人数在 200～1000 人的企业有 14 家，占制造业总有效样本的 16.28%；员工人数在 1000 人以上的企业有 38 家，占制造业总有效样本的 44.19%；未填写员工人数的问卷有 5 份，占制造业总有效样本的 2.79%，如图 7-6 所示。因为制造业的行业性质致使企业员工人数基数相对于其他行业较高，所以 50 人以下的制造型企业数量较少，1000 人以上的企业相对较为普遍，样本企业中位于 50~1000 人的制造型企业的数量占比较为均匀，均处于 4%～17%之间。同样，类似于制造业员工人数的规模，制造型企业年营业收入普遍较高，如图 7-7 所示，年营业收入在 20 亿元以上的制造型企业有 27 家，占制造业总样本的 31.40%；年营业收入在 50 万～100 万元的制造型企业有 8 家，占制造业总样本的 9.30%；除去未填写企业年营业收入的 4 份问卷，其余年营业收入规模的制造型企业数量占制造业总样本的比例在 1%～7%，分布相对均匀。综上，在制造业中，样本企业的员工人数、企业年营业收入分布比较合理，表明调查企业的企业规模具有良好的代表性。

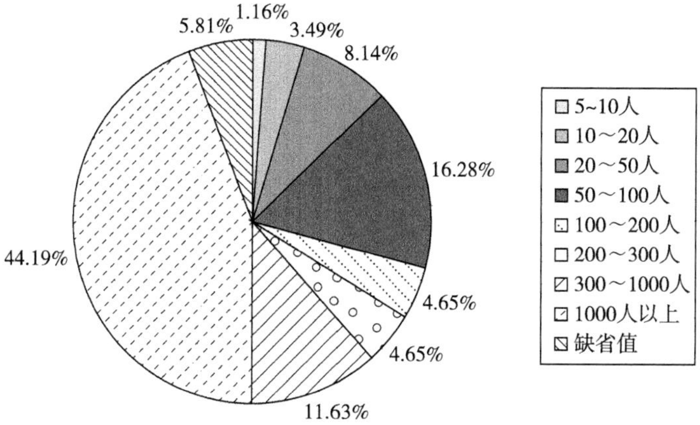

图 7-6　企业员工人数分布图（制造业）

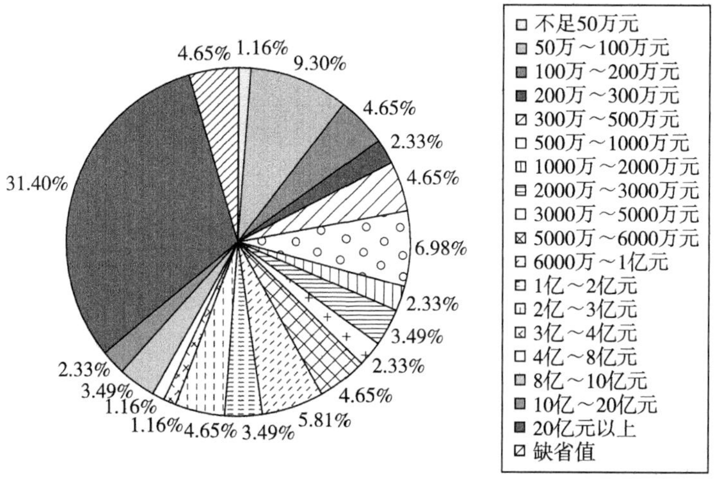

图 7-7　企业年营业收入分布图（制造业）

3. 样本企业的区域分布

从被调研企业的区域分布来看，本次调研的企业遍布全国各地，被调研企业位于全国不同区域，华中地区有 148 家企业，占 54.61%；华东地区有46家企业，占16.97%；华北地区有39家企业，占14.39%；其他地区被调研企业数量占14.02%。被调研企业位于全国各地，能代表中国企业的总体情况。

表7-3 被调研企业的地域分布

地域	数量	百分比（%）	地域	数量	百分比（%）
河南	139	52.45	贵州	4	1.51
北京	20	7.55	湖北	3	1.13
上海	15	5.66	广西	2	0.75
山东	13	4.91	湖南	1	0.38
新疆生产建设兵团	11	4.15	福建	1	0.38
河北	11	4.15	甘肃	1	0.38
浙江	10	3.77	吉林	1	0.38
江苏	7	2.64	山西	1	0.38
天津	6	2.26	内蒙古	1	0.38
四川	6	2.26	宁夏	1	0.38
广州	6	2.26	合计	265	100
黑龙江	5	1.89			

在服务业中，94家企业位于华中地区，占服务业样本的52.5%；33家企业位于华东地区，占服务业样本的18.4%；26家企业位于华北地区，占服务业样本的14.5%；此外，西北地区10家、西南地区4家、华南地区8家、东北地区4家，共占服务业总样本的14.6%。这说明服务业样本企业区域分布广泛，具有良好的区域代表性。

在制造业中，样本企业以华中、华东、华北地区为主。其中，36家企业位于华中地区，占制造业样本的41.9%；25家企业位于华东地区，占制造业样本的29.1%；13家企业位于华北地区，占制造业样本的15.1%；此外，西北地区3家、西南地区3家、华南地区4家、东北地区2家，共占制造业样本的14%。这说明，制造业样本企业区域分布合理，具有良好的区域代表性。

7.4　变量测量与依据

7.4.1　测量题项选择的基本原则

实证研究的关键问题之一就是对研究中涉及的变量测量题项的设计。测量题项的合理与否，在很大程度上决定了统计分析结果的可靠性和有效性。因此，本研究在设计变量测量题项时，根据以往研究经验，遵循以下程序：

（1）通过文献检索方法找寻先前研究中使用过的测量题项。已使用过的测量题项经过了实证检验，得到了相关领域研究人员的认可，具有良好的信度和效度。

（2）考虑到大多数题项来源于英文文献，因此，本研究基于原文原意，在翻译上针对问题的表述做了一定的调整，使问卷在文字表达上更符合中国人的阅读习惯。

（3）大多数英文文献是针对外国环境开展的，反映的是外国的情况，而中国的情况与之存在差异，为此我们尽可能地从对中国环境研究的外文论文中发现和选取调研问题。如果没有找到与中国环境相匹配的问题，则需对外国环境中的测量题项进行一定的修改，使之符合中国的环境。

7.4.2　变量的测量题项及其依据

本研究在选择关系管理能力、关系学习、竞争强度、员工创新行为、创新文化、冗余资源和服务创新绩效测量题项时有两个特点：一是它们都是一个程度概念，比如关系管理能力、关系学习、竞争强度和服务创新绩效等都不是有或无的概念，而是一个定序的程度概念；二是这些变量的测量很难通过定量的数据进行表达，只能通过定性的主观判断来衡量。综合上述，本文采用李克特七点计分方法测量这些变量。问卷要求填写人员按照 1～7 数字衡量特定问题项表述的与企业员工创新行为、创新文化、冗余资源、关系管理能力、关系学习、竞争强度和服务创新绩效实际情况的吻合程度，其中，1 表示完全不符合情况，7 表示完全符合，2～6 表示中间状态。因此，本书构建了多题项测量，具体内容如下：

1. 服务创新综合绩效

服务创新综合绩效是企业对服务创新活动的结果能否达到其目标的评价，包含财务绩效和非财务绩效。本文借鉴 Avlonitis 等（2001）的研究，选取 8 个题项对服务创新综合绩效进行测量，如表 7-4 所示。

表 7-4　服务创新综合绩效测量题项

题项	代码	问题项	来源
服务创新财务绩效	P48	我们公司提供的新服务是有利可图的	Avloniti 等（2001）；Jaw C 等（2010）
	P49	我们公司提供的服务占有大的市场份额	
	P410	我们公司提供的服务超出盈利目标	
服务创新非财务绩效	P411	我们公司提供的服务对公司的感知形象具有积极的影响	
	P412	我们公司提供的服务改善公司现有顾客的忠诚度	
	P413	我们公司提供的服务引进增加其他产品的盈利	
	P414	我们公司提供的服务吸引大量的新顾客的涌入	
	P415	我们公司提供的服务给公司带来重要的竞争优势	

2. 关系管理能力

关系管理能力是指企业在处理和协调外部网络关系中直接和间接合作伙伴二元或多元关系的能力，以寻找最优的合作对象，与其建立有效联结，进而进行信息的交换与获取，最终实现企业的目标。本文采用韦春北（2012）开发的成熟量表，共六个题项，如表 7-5 所示。

表 7-5　关系管理能力测量题项

代码	问题项	来源
A46	我们公司鼓励员工与合作伙伴的员工进行密切交流	韦春北（2012）
A47	我们公司定期与合作伙伴进行交流	
A48	我们公司有能力与合作伙伴构建良好的合作关系	
A49	我们公司能够为合作伙伴着想	
A51	对于分歧，我们公司会妥善处理以达到双方满意的效果	
A52	我们公司能够与合作伙伴建立相互信任机制	

3. 关系学习

关系学习是指企业与合作伙伴之间的共同学习活动，双方在联合活动中共享信息、共同理解并将信息整合到特定关系记忆领域，从而改变潜在关系领域特定行为的范围或可能性，包含信息共享、共同理解、特定关系记忆三个维度（Selnes 和 Sallis，2003）。其中，信息共享是企业与合作伙伴之间重要或独有信息分享的程度；共同理解是指企业与合作伙伴之间共同理解和阐释信息以解决问题和讨论对策；特定关系记忆是指企业与合作伙伴之间通过联合活动将获取的信息集成到特定关系记忆中，即知识共享最终储存在双方关系记忆中，进而对合作伙伴的行为产生影响。本研究借鉴 Selnes 和 Sallis（2003）的研究量表，以四个题项测量信息共享，以三个题项测量共同理解，以六个题项测量特定关系记忆，如表 7-6 所示。

表 7-6 关系学习测量题项

题项	代码	问题项	来源
信息共享	G11	我们公司会与合作伙伴互相分享市场信息或客户需求信息	Selnes 和 Sallis (2003)
	G12	我们公司会与合作伙伴互相分享重要产品或服务的技术变革等信息	
	G13	我们公司会与合作伙伴互相分享双方策略或策略改变的信息	
	G14	我们公司会与合作伙伴互相交流与产品或服务变革的成功经验或失败教训	
共同理解	G17	我们公司与合作伙伴通常建立联合团队来解决运营问题	
	G18	我们公司与合作伙伴通常建立联合团队来分析和讨论问题	
	G19	我们公司与合作伙伴的关系气氛能激励建设性的讨论，分享各种各样的观点	
特殊关系记忆	G24	我们与合作伙伴经常见面，为了维护公司与合作伙伴关系中的个人网络	
	G25	我们公司会根据需要经常评估、更新与合作伙伴的关系信息，并存储在电子数据库中	
	G26	我们公司经常在订单交付过程中评估和调整我们的日常工作	
	G27	我们公司会根据需要经常评估、修订与合作伙伴的正式合同	
	G31	我们公司与合作伙伴之间有许多面对面沟通的机会	
	G35	我们公司与合作伙伴会经常进行调整，以达成对终端客户需求、偏好和行为的共识	

4. 竞争强度

竞争强度是指企业所面临竞争环境的动荡程度，常被用来描述企业所处行业的状态。本书采用杨智等（2010）对竞争强度的测量题项，如表 7-7 所示。

表 7-7 竞争强度测量题项

代码	问题项	来源
W4	市场上有很多公司提供与我们公司类似的服务产品	杨智等（2010）
W5	我们公司所在行业中产品、技术、服务的变动速度快	
W6	我们公司所在行业中，竞争对手经常会采取价格竞争的策略	
W7	我们公司所在行业的市场竞争非常激烈	

5. 员工创新行为

员工创新行为是指组织成员在日常工作实践过程中产生新的方法或新的思想，并在组织中将这种方法或思想成功付诸实践，最终形成有价值的产品或服务的过程。本书参考黄致凯（2004）的员工创新行为测量量表，并根据具体实际需要对测量题项进行了修订，共 12 个测量题项，如表 7-8 所示。

表 7-8 员工创新行为测量题项

题项	代码	问题项	来源
员工创新行为	C11	我们公司员工会去寻找可以改善公司、部门的工作流程或服务机会	黄致凯（2004）
	C12	我们公司员工会去注意工作中部门、公司或市场中不常出现的问题	
	C13	我们公司员工会针对公司出现的问题提出构想或解决方法	
	C14	我们公司员工会从不同的角度分析问题，以获得更深入的见解	
	C15	我们公司员工会测试新构想或问题解决方案，以了解未被满足的需求	
	C16	我们公司员工会去评估新构想的优缺点	
	C17	我们公司员工会尝试说服他人了解新构想或解决方案的重要性	
	C18	我们公司的员工会主动去推动构想并使其有机会被实行	
	C21	我们公司员工会冒着风险去支持新构想	
	C22	我们公司员工会做出可能产生益处的改变	
	C23	我们公司员工会设法修正新方法所带来的弊端	
	C24	公司员工会将新构想和方法运用到工作中来改善程序、产品、技术或服务	

6. 创新文化

创新文化是公司内部一套共同的价值观和信念，可以促进公司中创新想法、创新行为及创新活动的产生，帮助公司探索新的机会，发展创新。本书参考刘顺忠（2009）等的研究，以四个题项来对创新文化进行测量，如表7-9所示。

表 7-9 创新文化测量题项

题项	代码	问题项	来源
创新文化	B11	我们公司鼓励创新行为并愿意承担相应的风险	刘顺忠（2009）
	B12	我们公司的员工经常参与公司的重要决策	
	B13	我们公司给予新服务开发项目小组很大的自由空间	
	B14	我们公司的高层管理人员对新服务开发给予实实在在的支持	

7. 冗余资源

冗余资源是指组织内现存的、过剩的、可以被控制和任意使用的资源。该变量参考张江峰（2010）的研究，包括五个测量题项，如表7-10所示。

表 7-10 冗余资源测量题项

题项	代码	问题项	来源
冗余资源	E61	我们公司资金充足，有启动新项目或新服务的财务预算	张江峰（2010）
	E62	近三年我们公司一直在扩大现有产品或服务的规模	
	E63	我们公司总是向市场提供种类稳定的产品或服务	
	E64	您愿意为支持公司的战略而牺牲自己的个人利益吗	
	E65	公司若要改变投资方向，现有的资源能够支持公司变革的实施	

8. 关系管理能力、关系学习与服务创新财务绩效关系模型中的控制变量

为了聚焦于上述核心变量间的作用关系，本文将可能影响服务创新财务绩效的企业规模、员工年龄、文化程度、企业的网络规划能力、资

源识别和获取等其他要素列为控制变量。企业规模对创新绩效的影响已被众多研究所证实，并被列入控制变量，本书按照 2011 年国家统计局颁布的《统计上大中小微型企业划分办法》，通过年营业收入衡量企业规模。员工年龄和文化程度均被证实会影响企业的创新绩效。企业的网络规划能力和资源识别与获取也被证实是影响服务创新的因素之一。上述控制变量均采用孙颖（2010）的成熟量表，测量题项如表 7-11、表 7-12 所示。

表 7-11 网络规划能力测量题项

代码	问题项	来源
A11	我们公司通过多种渠道寻找潜在合作伙伴	孙颖（2009）
A12	我们公司会对潜在合作伙伴的可信任程度进行评估	
A13	在与某伙伴合作之前，我们公司会首先评估建立这个合作关系是否会妨碍到公司与其他伙伴的关系	
A14	我们公司知道该与何种伙伴保持何种关系	

表 7-12 资源识别和获取测量题项

代码	问题项	来源
A31	我们公司能够判断合作伙伴提供的资源是否有用	孙颖（2009）
A32	我们公司有合适的途径取得合作伙伴的资源和信息等	
A33	我们公司知道通过什么方法能取得合作伙伴的资源和信息等	
A34	我们公司了解合作伙伴拥有什么资源和信息	

9. 员工创新行为、创新文化与服务创新综合绩效关系模型中的控制变量

该模型的控制变量有企业类型、工作年限、文化程度等。根据以往学者的研究，企业类型、工作年限和文化程度对服务创新有直接影响。首先，企业包括国有独资、三资企业等企业类型，企业类型不同意味着企业的资金实力和管理制度等方面的差异，在一定程度上影响着服务创新的开展；其次，工作年限决定了员工对企业相关业务的熟悉程度与掌握情况，会影响其服务创新活动的开展；最后，文化程度的高低反映了

企业员工自身的综合素质与在工作中协调变通的能力，同时反映了企业人力资本的状况，客观上影响着企业的服务创新绩效。

此外，该模型的控制变量还包括过程控制和动态环境。其中，过程控制是指组织对组织成员完成共同目标过程中行为活动的控制，高效合理的控制机制是企业创新产出的重要手段。本书借鉴王栋等（2010）的量表，共四个题项测量过程控制，如表7-13所示。

表7-13 过程控制测量题项

题项	代码	问题项	来源
过程控制	N11	我们公司对员工业绩的评价更加注重过程和行为	Snell 和 Youndt（1992）；Govinda-rajan 和 Fisher（1990）；王栋和陈永广（2010）
	N12	我们公司经常召开各种会议来讨论员工的绩效	
	N13	我们公司员工经常获得他们工作绩效的反馈	
	N14	我们公司通过行为来考核员工的工作质量	

动态环境是指企业身处的外部环境变化莫测，分为需求不确定性和竞争强度两个维度（Jaworski 和 Kohli，1993；杨智等，2010），其中，需求不确定性是指顾客求新求异、需求变化的多样性和提前预测的难易程度。竞争强度是指竞争者所提供服务或产品的同质性、更新速度、竞争策略和竞争激烈的程度。其中需求不确定性借鉴杨智等（2010）的量表，共三个测量题项，如表7-14所示；竞争强度借鉴Jaworski和Kohli（1993）的研究量表，共四个测量题项，如表7-7所示。

表7-14 需求不确定性测量题项

题项	代码	问题项	来源
需求不确定性	W1	我们公司所在行业中顾客的需求是很难预测的	杨智等（2010）
	W2	我们公司所在行业中顾客总是求新求异	
	W3	我们公司所在行业中顾客的偏好总是不断变化	

7.5 实证检验方法

根据研究的需要，本研究采用的分析方法主要有信度分析、效度分析、相关性分析和层次回归分析等方法，下面对它们的原理、用途做简要介绍。

7.5.1 信度和效度分析

信度（Reliability）即可靠性，是指采用同样的方法对同一对象重复测量时所得结果的一致性程度。信度指标多以相关系数表示，常用的信度指标有三类：稳定性（Stability）、等值性（Equivalance）与内部一致性（Internal Consistency）。信度分析的方法主要有以下四种：重测信度法、复本信度法、折半信度法、α 信度系数法。只有当同一个测量指标下的答案更接近甚至是相同时，才表明测量指标是可靠的。本研究使用认可度最高的 Cronbachα 一致性系数来检验问卷的信度。

效度指标能够真正衡量出研究人员所要衡量事物的真实程度，揭示构件及其测量指标间的关系。效度分析一般可分为内容效度和结构效度。内容效度指测验的量表内容或题项的适当性和代表性，以确定被调查者的表现和测验内容的代表性样本之间是否有关联。而相比于内容效度，结构效度更为重要。结构效度分为收敛效度和判别效度。收敛效度是指运用不同测量方法测定同一特征时测量结果的相似程度，即不同测量方式应在相同特征的测定中聚合在一起。区分效度指不同因子间可以区分，不存在反映同一构件的两个因子。本书先通过因子分析揭示 KMO 值和 Bartlett 检验结果，以确认数据是否适合做因子分析。

7.5.2 相关性分析

相关性分析测量的是不同变量间的密切程度，相关性系数则是描述这种线性关系程度和方向的统计量，其值在（-1，1）。相关性系数绝对值越大，说明变量间相关性越强，反之越弱。相关性系数通常都是用系统默认的 Pearson 系数。相关性系数为正说明变量间正相关，为负则变量间负相关。相关性分析从数据上显示出两个指标在发展变化和大小上有着一定的关系，但要进一步确定两个指标哪个为因，哪个为果则无法实现。本书采用 SPSS 20.0 对相关指标进行相关性分析以初步验证指标之间的相关性，要进一步知道变量之间的因果关系，就要使用层次回归分析。

7.5.3 因子分析

因子分析是多元统计分析中降维的一种方法，其基本原理是从研究变量内部依赖关系出发，探求观测数据的基本结构，用少量的假设变量（不可观测变量）表示基本数据结构。具体来说，就是根据相关性大小将变量分组，同组间相关性较高，不同组间相关性较低，每一组代表着一个基本结构，称之为因子。总的来说，因子分析是将相关性比较密切的几个变量归为一类，每一类变量成为一个因子，用较少的因子反映整体的信息。它主要探讨存在相关关系的变量间是否存在不能直接观察但又对观测变量的变化起支配作用的潜在因子。因此，因子分析就是寻找潜在的起支配作用的因子模型的算法。因子分析一般包括确定性因子分析和探索性因子分析。前者是研究者在观测未知变量各个维度题项的因子载荷是否满足规定值，对题项进行提纯的方法；后者是研究者在观测未知变量背后存在的因子时，利用因子分析确定因子维度的方法。因子分析主要作用包括以下两个方面：

1. 寻求基本结构

在多元统计分析中，研究者经常会碰到很多个观测变量且同变量之间存在较强的相关关系，利用因子分析，可以找出反映这些变量本质特征的因子，用这些因子代表数据的基本结构，减少对问题地分析和描述的困难，避免使用某些统计方法时出现问题。

2. 简化数据

因子分析通常将一组观测变量简化成少数几个因子，将原始观测变量信息转化成因子的因子值，用这些因子代替原来观测变量进行其他统计分析，如回归分析、路径分析、聚类分析等。

7.5.4　层次回归分析

层次回归分析是多个自变量的最优组合。建立回归方程来预测因变量的相关联程度分析，因为在相关分析后并不能确定这些变量不同的程度，因此，要通过判断哪些因素是导致因变量变化的解释变量，以及这种影响力的大小和方向。应用 SPSS 20.0 进行逐步回归，得出因变量对于自变量的回归系数，回归系数表示假设在其他所有自变量不变的情况下，某一个自变量变化引起因变量变化的比率。本研究在相关分析的基础上，对因变量和自变量作层次回归分析，得出自变量对因变量变化的影响程度和影响方向，从而根据层次回归分析得出的结果进行本研究的结论分析。

层次回归分析是通过建立回归方程来预测自变量、因变量之间的相关联程度，通过判断哪些因素是导致因变量变化的解释变量，以及其影响力的大小和方向。回归不是对变量间平均关系变化精确的表示，而通常是通过建立数学模型来近似地估计（庞皓，2013），其目的是根据自变量的值去估算因变量的值。通常而言，线性回归分为简单线性回归和多元线性回归，前者应用于探讨一个因变量和一个自变量存在的线性依赖关系，后者与前者原理一样，在因变量数量不变的情况下增加自变量的数量。它能够构建和评估一个因变量被不止一个因素影响的模型，达到避免重要自变量被遗漏而导致设定误差的目的。

要通过判断哪些因素是导致因变量变化的解释变量，以及这种影响力的大小和方向。本研究将应用 SPSS 20.0 进行逐步回归，即层次回归分析，从而得出因变量对于自变量的回归系数。本研究在相关分析的基础上，对自变量和因变量作多元层次回归分析，得出自变量对因变量变化的影响程度和影响方向，进而根据回归分析得出的结果进行本研究的结论分析。本研究希望通过层次回归分析，得出相关变量之间的作用关系，包括两个自变量的共同作用是否能对因变量产生作用和影响。

判定所建立的多元回归模型是否能很好地表示观测到的数据，以及模型的有效性，需要对多元回归模型进行检验，主要包括三个步骤：①模型拟合优度检验（主要指 R 和 R^2）；②采用 T 检验法对模型中自变量系数的显著性进行检验；③采用 F 检验法对整个回归方程的显著性进行检验。

第 8 章　实证研究结果

本章根据第 7 章阐述的实证分析方法，对大规模问卷调研获取的数据进行处理和分析，包括调研数据的初步处理、样本的描述性分析、信度和效度分析、假设检验等，上述实证分析过程如图 8-1 所示。

信度和效度分析是评价样本数据质量优势的重要依据，在进行信度和效度分析之前，通常需要对样本数据进行排序、缺省值替代、反向问题重新编码和题项净化等相应的处理。只有信度和效度均良好的因子进行描述性统计分析才有意义，才能用于实证检验。

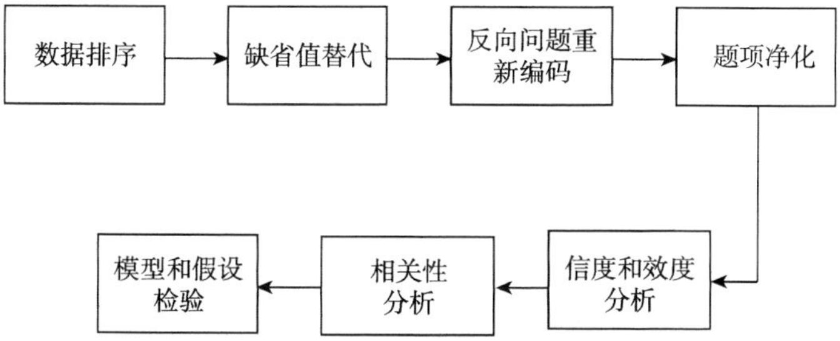

图 8-1　实证分析过程

8.1 调研数据的初步处理

8.1.1 缺省值替代和反向编码

在信度和效度分析之前，为了确保后续步骤分析结果的可靠性，对样本数据进行了初步处理，包括问卷排序，对数据库内的问卷按照升序原则进行排序；设置并替代系统缺省值，将数据库中未填写的数据设定为系统缺省值，并用同一题项填写完整数据的均值替代这些系统缺省值；对反向问题重新编码，在数据库中选中经过缺省值替代后的反向变量，按照 1—7、2—6、3—5、5—3、6—2、7—1 的对应关系，进行反向编码。

8.1.2 题项净化

在实证检验时，首先需净化题项，题项净化是为了确保后续步骤分析结果的可靠性，而且问卷中未涉及反向编码问题，因此，对参与分析的数据只需进行缺省值处理，然后对各个变量进行了单一维度检验，最后对净化后的题项做信度和效度分析，为进一步的多元层次回归分析提供保障。

1. 项目相关度分析

通常来说，项目相关度（CTTC）越高，表明该因子内每个题项之间的耦合性就越好。若 CTTC 的值不足 0.4，则表明这个题项不能较好地与别的题项组合起来去代表某个因子，就要对这个题项进行剔除。

我们对样本数据分别进行了项目相关度分析，发现所有题项的 CTTC 值都大于 0.4，符合要求，所以题项没有被删除。

2. 单一维度性检验

单一维度性指任意一个题项都只反映唯一的一个因子，而不是反映多个因子。单一维度性检验需要遵从两个要求：第一，任意一个题项对所测度的因子具有明显的因子载荷；第二，任意一个因子不存在交叉载荷，即任意一个因子不能在因子 A 和因子 B 上同时具有显著的因子载荷。在本研究中，我们分别采用了确定性因子分析和探索性因子分析来检验每个题项的单一维度性，并删除那些存在交叉载荷的题项。

8.2　信度和效度分析

8.2.1　关系管理能力、关系学习与服务创新财务绩效的信度和效度

1. 信度分析

信度包含可重复性与内部一致性。可重复性指一个题项能够稳定地、重复地对某一变量进行测量。内部一致性是指测量某一变量的题项同测量该变量的其他题项之间的相关性。大多数学者用的内部一致性系数也叫 Cronbach’s α 系数，它的值在 0～1 之间，越接近 1 表明信度越高。通常情况下我们认为 α 值大于 0.7 可以判定为高信度，0.5 为最低可以接受的信度水平（Nunally，1994），若 α 值小于 0.35，则被判定为低信度。

为了进一步测量量表的内部一致性，通常会通过测量各变量的组合信度值（CR）对变量内部一致性再次进行检验。组合信度值在 0.6 以上为可接受的范围，如果值大于 0.7，则可判定为高组合信度（Chin，1998；Fornell 和 Larcker，1981），代表该变量达到内部一致性。

通过 SPSS 20.0 统计软件对量表进行信度分析，关系管理能力、服务创新财务绩效、关系学习和竞争强度总量表的 Cronbach’s α 系数值和 CR 值结果如表 8-1 所示，各变量均具有良好的信度。

2. 效度分析

效度包括内容效度和结构效度，而结构效度又包含收敛效度和判别效度。从内容效度看，本研究的问卷题项均来自国内外的成熟量表，大量的实证研究表明该量表具有良好的内容效度。对于测量题项结构效度的检验分两步进行，先采用探索性因子分析进行测量，以确保测量题项适合进行验证性因子分析，再采用验证性因子分析检验测量题项的结构效度。

首先，对服务创新财务绩效、关系管理能力、关系学习和竞争强度量表进行 KMO 样本测度和 Bartlett 球形度检验，以确保以上这些变量可以进行验证性因子分析。结果如表 8-2 所示，各变量的 KMO 值均大于 0.5，Bartlett 球形度检验显著性概率为 0.000，说明研究中的各个变量均适合做验证因子分析。

其次，对各变量因子荷载进行分析。服务创新财务绩效、关系管理能力、关系学习和竞争强度 4 个变量的因子分析结果如表 8-1 所示，每个变量的因子载荷值基本都大于 0.7，远大于 0.4 的标准，所有因子的平均方差提取值（AVE）超过了 Fornell 和 Larcker（1981）提出的门槛 0.5，表明量表具有良好的收敛效度。

最后，通过主成分分析法，进行验证性因子分析发现服务创新财务绩效可提出一个因子，其累计总方差百分比为 71.819%；关系管理能力可提取一个因子，累计总方差百分比为 50.735%；关系学习可提取出信息共享、共同理解和特殊关系记忆三个因子，累计总方差百分比为 72.508%，竞争强度可提取出一个因子，其累计总方差百分比为 54.954%，全部大于 50%的接受阀值。如表 8-1 所示，因子分析结果与本假设因子分类一致，说明服务创新财务绩效、关系管理能力、关系学习和竞争强度具有良好的收敛效度。

样本数据中各个变量的 AVE 平方根均大于该变量与其他变量的相关系数，符合判别效度检验的要求。综上所述，本研究所用的问卷有良好的结构效度，如表 8-1 所示。

表 8-1　信度和效度分析结果

量表		因子载荷
服务创新财务绩效（α=0.803，AVE=0.696，CR=0.872，可解释方差百分比=71.819%）		
P48	公司提供的新服务是有利可图的	0.899
P49	公司提供的服务占有大的市场份额	0.777
P410	公司提供的服务超出盈利目标	0.822
关系管理能力（α=0.866，AVE=0.615，CR=0.905，可解释方差百分比=50.735%）		
A46	我们公司鼓励员工与合作伙伴的员工进行密切交流	0.659
A47	我们公司定期与合作伙伴进行交流	0.783
A48	我们公司有能力与合作伙伴构建良好的合作关系	0.828
A49	我们公司能够为合作伙伴着想	0.821
A51	对于分歧，我们公司会妥善处理以达到双方满意的效果	0.809
A52	我们公司能够与合作伙伴建立相互信任机制	0.791
关系学习（α=0.926，AVE=0.7118，CR=0.970，可解释方差百分比=72.508%）		
	信息共享（α=0.912，AVE=0.697，CR=0.948）	
G11	我们公司会与合作伙伴互相分享市场信息或客户需求信息	0.890
G12	我们公司会与合作伙伴互相分享重要产品或服务的技术变革等信息	0.903
G13	我们公司会与合作伙伴互相分享双方策略或策略改变的信息	0.896
G14	我们公司会与合作伙伴互相交流与产品或服务变革的成功经验或失败教训	0.868
共同理解（α=0.889，AVE=0.819，CR=0.932）		
G17	我们公司与合作伙伴通常建立联合团队来解决运营问题	0.917
G18	我们公司与合作伙伴通常建立联合团队来分析讨论问题	0.934
G19	我们公司与合作伙伴的关系气氛能激励进行建设性的讨论，分享各类观点	0.863

续表

量表		因子载荷
特殊关系记忆（α=0.872，AVE=0.613，CR=0.905）		
G24	我们与合作伙伴经常见面，以维护公司与合作伙伴关系中的个人网络	0.770
G25	我们公司会根据需要经常评估、更新与合作伙伴的关系信息，并存储在电子数据库中	0.810
G26	我们公司经常在订单交付过程中评估和调整我们的日常工作	0.794
G27	我们公司会根据需要经常评估、修订与合作伙伴的正式合同	0.729
G31	我们公司与合作伙伴之间有许多面对面沟通的机会	0.753
G35	我们公司会与合作伙伴会经常进行调整，以达成对终端客户需求、偏好和行为的共识	0.837
竞争强度（α=0.722，AVE=0.5494，CR=0.830，可解释方差百分比=54.954%）		
W4	市场上有很多公司提供与我们公司类似的服务产品	0.746
W5	我们公司所在行业中产品、技术、服务的变动速度快	0.698
W6	我们公司所在行业中，竞争对手经常会采取价格竞争的策略	0.748
W7	我们公司所在行业的市场竞争非常激烈	0.771

表 8-2 探索性样本充分性和球度检验

KMO 与 Bartlett 球形检定		服务创新财务绩效	关系管理能力	关系学习	竞争强度	网络规划能力	资源识别和获取
Kaiser-Meyer-Olkin 度量		0.861	0.888	0.914	0.730	0.749	0.791
Bartlett 球形度检验	近似卡方分布	1331.071	798.317	2568.596	230.760	372.305	439.260
	自由度	28	15	78	6	6	6
	显著性概率	0.000	0.000	0.000	0.000	0.000	0.000

8.2.2 员工创新行为、创新文化与服务创新综合绩效的信度和效度

1. 信度分析

在服务业样本数据中，员工创新行为、创新文化、冗余资源、服务

创新综合绩效、过程控制、需求不确定性、竞争强度的 α 值分别为 0.934、0.802、0.786、0.876、0.804、0.820、0.697，除了控制变量竞争强度的 α 值约为 0.7 以外，其余变量的 α 值均高于 0.7 的临界值，CR 值最小为 0.836，超过 0.7 的临界值，表明服务业样本数据的题项信度良好，如表 8-3 所示。

在制造业样本数据中，员工创新行为、创新文化、冗余资源、服务创新综合绩效、过程控制、需求不确定性、竞争强度的 α 值分别为 0.939、0.738、0.854、0.903、0.830、0.834、0.701，均高于 0.7 的临界值，CR 值最小为 0.840，超过 0.7 的临界值，表明制造业数据的题项也具有较高的信度，如表 8-4 所示。

服务业和制造业样本中的 α 值和 CR 值表明，本研究所用调查问卷涉及的员工创新行为、创新文化、冗余资源、服务创新综合绩效、过程控制、需求不确定性和竞争强度这些变量都具有良好的信度与内部一致性，且稳定性良好，如表 8-3、表 8-4 所示。

表 8-3　信度和效度分析结果（服务业）

量表		因子载荷
员工创新行为（CR=0.945，AVE=0.610，α=0.934，可解释方差百分比=61.02%）		
C11	员工会去寻找能改善公司、部门的工作流程或服务的机会	0.794
C12	员工会去注意工作中部门、公司或市场中不常出现的问题	0.811
C13	员工会针对公司出现的问题提出构想或解决方法	0.759
C14	员工会从不同的角度分析问题，以获得更深入的见解	0.811
C15	员工会测试新构想或问题的解决方案，以了解未被满足的需求	0.822
C16	员工会去评估新构想的优缺点	0.780
C17	员工会尝试说服他人了解新构想或解决方案的重要性	0.798
C21	员工会冒着风险以支持新构想	0.667
C22	员工会进行可能产生益处的改变	0.787
C23	员工会设法修正新方法所带来的弊端	0.762

续表

量表		因子载荷
C24	员工会将新构想与方法用到工作中来改善程序、产品、技术或服务	0.790
创新文化（CR=0.877，AVE=0.641，α=0.802，可解释方差百分比=64.08%）		
B11	公司鼓励创新行为并愿意承担相应的风险	0.765
B12	公司的员工经常参与公司的重要决策	0.735
B13	公司给予新服务开发项目小组很大的自由空间	0.863
B14	公司的高层管理人员对新服务开发给予实实在在的支持	0.832
公司冗余资源（CR=0.861，AVE=0.560，α=0.786，可解释方差百分比=55.95%）		
E61	公司资金充足，有启动新项目或新服务的财务预算	0.739
E62	近三年我们公司一直在扩大现有产品或服务的规模	0.823
E63	公司总是向市场提供种类稳定的产品或服务	0.854
E64	您愿意为支持公司的战略而牺牲个人利益吗	0.532
E65	我们公司若要改变投资方向，现有的资源能够支持公司变革的实施	0.750
服务创新综合绩效（（CR=0.904，AVE=0.542，α=0.876，可解释方差百分比=67.22%）		
P48	公司提供的新服务是有利可图的	0.639
P49	公司提供的服务占有大的市场份额	0.748
P410	公司提供的服务超出盈利目标	0.723
P411	公司提供的服务对公司的感知形象具有积极的影响	0.755
P412	公司提供的服务能够提高公司现有顾客的忠诚度	0.700
P413	公司提供的服务的引进增强其他产品的盈利	0.772
P414	公司提供的服务吸引大量新顾客的涌入	0.793
P415	我们公司提供的服务给公司带来重要的竞争优势	0.748
过程控制（CR=0.895，AVE=0.635，α=0.804，可解释方差百分比=63.49%）		
N11	公司对员工业绩的评价更加注重过程和行为	0.768
N12	公司经常召开各种会议来讨论员工的绩效	0.804
N13	公司员工经常获得他们工作绩效的反馈	0.879
N14	公司通过行为来考核员工工作的质量	0.729
需求不确定性（CR=0.895，AVE=0.739，α=0.820，可解释方差百分比=73.88%）		
W1	公司所在行业中顾客的需求是很难预测的	0.815
W2	公司所在行业中顾客总是求新求异	0.903

续表

量表		因子载荷
W3	公司所在行业中顾客的偏好总是不断变化	0.859
竞争强度（CR=0.836，AVE=0.631，α=0.697，可解释方差百分比=63.08%）		
W4	市场上有很多公司提供与我们公司类似的服务产品	0.817
W6	公司所在行业中，竞争对手经常会采取价格竞争的策略	0.730
W7	公司所在行业的市场竞争非常激烈	0.832

表 8-4　信度和效度分析结果（制造业）

量表		因子载荷
员工创新行为（CR=0.948，AVE=0.626，α=0.939，可解释方差百分比=62.58%）		
C11	员工会去寻找能改善公司、部门的工作流程或服务的机会	0.740
C12	员工会去注意工作中部门、公司或市场中不常出现的问题	0.800
C13	员工会针对公司出现的问题提出构想或解决方法	0.775
C14	员工会从不同的角度分析问题，以获得更深入的见解	0.793
C15	员工会测试新构想或问题的解决方案，以了解未被满足的需求	0.808
C16	员工会去评估新构想的优缺点	0.843
C17	员工会尝试说服他人了解新构想或解决方案的重要性	0.764
C21	员工会冒着风险以支持新构想	0.734
C22	员工会进行可能产生益处的改变	0.796
C23	员工会设法修正新方法所带来的弊端	0.824
C24	员工会将新构想与方法用到工作中来改善程序、产品、技术或是服务	0.818
创新文化（CR=0.846，AVE=0.583，α=0.738，可解释方差百分比=58.32%）		
B11	公司鼓励创新行为并愿意承担相应的风险	0.746
B12	公司的员工经常参与公司的重要决策	0.605
B13	公司给予新服务开发项目小组很大的自由空间	0.874
B14	公司的高层管理人员对新服务开发给予实实在在的支持	0.804
公司冗余资源（CR=0.898，AVE=0.639，α=0.854，可解释方差百分比=63.92%）		
E61	公司资金充足，有启动新项目或新服务的财务预算	0.775
E62	近三年我们公司一直在扩大现有产品或服务的规模	0.828
E63	公司总是向市场提供种类稳定的产品或服务	0.831

续表

量表		因子载荷
E64	您愿意为支持公司的战略而牺牲自己的个人利益吗	0.737
E65	我们公司若要改变投资方向，现有的资源能够支持公司变革的实施	0.822
服务创新综合绩效（CR = 0.925，AVE = 0.608，α = 0.903，可解释方差百分比 = 60.78%）		
P48	公司提供的新服务是有利可图的	0.682
P49	公司提供的服务占有大的市场份额	0.672
P410	公司提供的服务超出盈利目标	0.754
P411	公司提供的服务对公司的感知形象具有积极的影响	0.807
P412	公司提供的服务能够提高公司现有顾客的忠诚度	0.833
P413	公司提供的服务的引进增强其他产品的盈利	0.811
P414	公司提供的服务吸引大量的新顾客的涌入	0.842
P415	我们公司提供的服务给公司带来重要的竞争优势	0.815
过程控制（CR = 0.891，AVE = 0.675，α = 0.830，可解释方差百分比 = 67.42%）		
N11	公司对员工业绩的评价更加注重过程和行为	0.657
N12	公司经常召开各种会议来讨论员工的绩效	0.876
N13	公司员工经常获得他们工作绩效的反馈	0.841
N14	公司通过行为来考核员工工作的质量	0.890
需求不确定性（CR = 0.901，AVE = 0.753，α = 0.834，可解释方差百分比 = 75.25%）		
W1	公司所在行业中顾客的需求是很难预测的	0.821
W2	公司所在行业中顾客总是求新求异	0.889
W3	公司所在行业中顾客的偏好总是不断变化	0.891
竞争强度（CR = 0.840，AVE = 0.636，α = 0.701，可解释方差百分比 = 63.63%）		
W4	市场上有很多公司提供与我们公司类似的服务产品	0.745
W6	公司所在行业中，竞争对手经常会采取价格竞争的策略	0.784
W7	公司所在行业的市场竞争非常激烈	0.860

2. 效度分析

在进行效度分析之前，本研究首先利用探索性研究的样本数据分别对制造业和服务业样本中员工创新行为、创新文化、冗余资源、服务创新综合绩效、过程控制、需求不确定性、竞争强度的量表进行 KMO 样本测度和 Bartlett 球形度检验，验证服务业和制造业样本中的这些变量能否做因子分析。最终数据显示无论是在服务业样本还是制造业样本中各变量的 KMO 值都大于 0.5 这一临界值，Bartlett 球形度检验统计值的显著性概率为 0.000，如表 8-5、表 8-6 所示，表明无论是在服务业样本还是制造业样本中各个变量都适合做因子分析。

表 8-5 探索性样本充分性和球度检验（服务业）

KMO 与 Bartlett 球形检验		员工创新行为	创新文化	冗余资源	服务创新综合绩效	过程控制	需求不确定性	竞争强度
Kaiser-Meyer-Olkin 度量		0.926	0.763	0.752	0.826	0.765	0.685	0.654
Bartlett 球形度检验	近似卡方分布	1361.382	247.824	311.036	699.917	237.310	203.946	101.408
	自由度	55	6	10	28	6	3	3
	显著性概率	0.000	0.000	0.000	0.000	0.000	0.000	0.000

表 8-6 探索性样本充分性和球度检验（制造业）

KMO 与 Bartlett 球形检验		员工创新行为	创新文化	冗余资源	服务创新综合绩效	过程控制	需求不确定性	竞争强度
Kaiser-Meyer-Olkin 度量		0.891	0.702	0.772	0.848	0.783	0.704	0.636
Bartlett 球形度检验	近似卡方分布	702.001	93.722	199.131	424.754	147.241	102.681	51.331
	自由度	55	6	10	28	6	3	3
	显著性概率	0.000	0.000	0.000	0.000	0.000	0.000	0.000

首先是内容效度的检验，本研究调查问卷所选取的测量量表都来自国内外经多数学者验证过的成熟量表，具有较好的内容效度。

其次是结构效度的检验，如表 8-3、表 8-4 所示，无论是服务业还是制造业中员工创新行为、创新文化、冗余资源、服务创新综合绩效、过程控制、需求不确定性和竞争强度这七个变量的因子载荷值都高于 0.6。所有因子的平均方差提取值（AVE）都大于 0.5，表明量表具有良好的收敛效度。同时，服务业和制造业样本中各变量之间具有相关性，无论是服务业还是制造业中各个变量的AVE平方根均大于其他变量的相关系数，符合区分效度检验的要求。由此表明本研究所用的问卷在服务业和制造业中都有良好的结构效度（如表8-8、表8-9所示）。

通常情况下，可解释方差百分比达到30%以上时，研究变量才是有效的。根据表8-3、表8-4的检验结果可以看出无论是在制造业还是服务业样本中因子的可解释方差百分比均大于50%。因此，效果良好。

8.3 相关性分析

在进行回归分析之前，通常要先考察变量之间的相关关系，以揭示变量间统计关系的强弱，有利于进一步描绘和反映变量间的数量变化关系。本研究采用Pearson系数对研究变量进行相关分析。相关系数代表的是两个变量的相同程度，若两个变量之间的相关系数超过0.9，则说明变量之间过于相似，可以合成为一个变量。相关系数只能反映出变量之间关系的强弱，而相关系数的正负和显著性水平只能作为变量之间关系的参数，不能说明因果联系。均值和标准差用于说明样本数据是否符合正态分布。

8.3.1 关系管理能力、关系学习与服务创新财务绩效的相关性分析

表8-7给出了服务创新财务绩效、关系管理能力、关系学习等各因子的均值、标准差，以及相关系数，表格对角线上的值为该变量的平均变异抽取量（AVE）的平方根。根据表中各因子的均值和方差值，发现所有因子均符合正态分布要求。对比各因子的个体相关系数（0.000-0.669），均小于自身可靠性系数（0.722-0.912），说明各变量间具有良好的区分度。因此，可以进行后续的层次回归分析和假设检验分析。

表 8-7 关系管理能力、关系学习与服务创新财务绩效等变量间的相关系数表

变量		SIP	RMC	IS	JS	SRM	CI	JB06	JB08	JB13	NPC	RIA
服务创新财务绩效(SIP)		0.696										
关系管理能力(RMC)		0.315**	0.615									
关系学习(RL)	信息共享(IS)	0.132*	0.195**	0.697								
	共同理解(JS)	0.122*	0.255**	0.665**	0.819							
	特殊关系记忆(SRM)	0.302	0.183**	0.594**	0.657**	0.613						
竞争强度(CI)		0.336**	0.281**	0.14*	0.031	0.12*	0.549					
控制变量	年营业收入(JB06)	0.069	-0.049	-0.01	0.017	0.014	-0.014	1				
	年龄(JB08)	-0.027	-0.004	0.146*	0.037	0.041	0.069	-0.153**	1			
	文化程度(JB13)	-0.084	-0.017	-0.074	-0.028	0.000	-0.155**	0.271**	-0.246**	1		
	网络规划能力(NPC)	0.109	0.522**	0.095	0.115*	0.075	0.135*	0.001	-0.132*	0.057	0.626	
	资源识别和获取(RIA)	0.255**	0.669**	0.069	0.119*	0.131*	0.176**	0.082	-0.079	0.028	0.537**	0.661
	平均值	5.113	5.837	5.300	5.126	5.316	5.360	10.300	1.670	3.480	5.785	5.672
	标准差	1.111	0.9114	1.212	1.212	1.086	0.981	5.581	0.790	1.100	1.145	1.035

注:样本数 N=298;统计结果为 Pearson 相关系数;对角线上的值为平均变异抽取量(AVE)的平方根;** $P<0.01$ 表示在 99%置信度下显著,* $P<0.05$ 表示在 95%的置信度下显著

8.3.2 员工创新行为、创新文化与服务创新综合绩效的相关性分析

由服务业中各研究变量之间的相关系数表（见表 8-8）可以看出，在服务业样本中没有个体相关系数（0.002~0.589）大于其自身的可靠性系数（0.697~0934），表明服务业样本中各个变量之间拥有较高的区分度，且数据符合正态分布的要求，能开始进行模型与假设检验分析。制造业各研究变量间的相关系数如表 8-9 所示，也没有个体相关系数（0.003~0.666）大于其自身的可靠性（0.701~0939），所以在制造业样本中各变量之间同样展现出了很好的区分度，样本数据符合正态分布的要求，也能开始进行模型和假设检验分析。

表 8-8　员工创新行为、创新文化与服务创新综合绩效等变量间的相关系数(服务业)

	平均值	标准差	1	2	3	4	5	6	7	8	9	10
1. 员工创新行为	5. 2078	1. 044	0. 781									
2. 创新文化	5. 190	1. 154	0. 589 **	0. 801								
3. 冗余资源	5. 516	1. 020	0. 457 **	0. 392 **	0. 748							
4. 服务创新综合绩效	5. 372	0. 873	0. 539 **	0. 450 **	0. 454 **	0. 736						
5. 过程控制	5. 332	1. 037	0. 130	0. 081	0. 180 *	0. 201 **	0. 797					
6. 需求不确定性	4. 596	1. 318	0. 327 **	0. 187 *	0. 264 **	0. 400 **	0. 080	0. 860				
7. 竞争强度	5. 408	1. 035	0. 277 **	0. 231 **	0. 317 **	0. 411 **	0. 061	0. 509 **	0. 794			
8. 企业类型	3. 630	1. 668	-0. 087	-0. 103	-0. 097	-0. 040	0. 146	0. 008	0. 109	1		
9. 工作年限	3. 830	4. 313	0. 007	0. 138	-0. 040	-0. 037	-0. 002	-0. 070	-0. 010	-0. 109	1	
10. 文化程度	3. 550	0. 980	-0. 054	-0. 061	-0. 086	-0. 107	-0. 010	-0. 161 *	-0. 150 *	-0. 033	-0. 277 **	1

注:样本数 N=179;对角线上括号中的值为平均变异抽取量(AVE)的平方根;非对角线是各变量相关系数,** P<0. 01 表示在 99%置信度下显著,* P<0. 05 表示在 95%的置信度下显著

表 8-9 员工创新行为、创新文化与服务创新综合绩效等变量间的相关系数(制造业)

	平均值	标准差	1	2	3	4	5	6	7	8	9	10
1. 员工创新行为	5. 101	1. 167	0. 791									
2. 创新文化	5. 198	1. 089	0. 666**	0. 764								
3. 冗余资源	5. 319	1. 215	0. 450**	0. 356**	0. 800							
4. 服务创新综合绩效	5. 368	0. 973	0. 384**	0. 261*	0. 413**	0. 780						
5. 过程控制	5. 098	1. 147	0. 052	−0. 008	0. 076	0. 132	0. 822					
6. 需求不确定性	4. 434	1. 409	0. 057	0. 117	0. 036	0. 240*	0. 004	0. 868				
7. 竞争强度	5. 531	1. 045	0. 269*	0. 109	0. 169	0. 153	−0. 019	0. 377**	0. 797			
8. 企业类型	3. 360	1. 589	−0. 030	−0. 043	0. 003	0. 060	−0. 080	0. 072	0. 074	1		
9. 工作年限	3. 360	3. 096	−0. 190	−0. 288**	−0. 020	0. 127	−0. 019	0. 109	−0. 013	−0. 010	1	
10. 文化程度	3. 120	1. 305	0. 100	0. 195	−0. 071	−0. 107	0. 062	−0. 258*	−0. 124	0. 029	−0. 134	1

注:样本数 N=86;对角线上括号中的值为平均变异抽取量(AVE)的平方根;非对角线是各变量相关系数,** $P<0.01$ 表示在 99%置信度下显著,* $P<0.05$ 表示在 95%的置信度下显著

8.4 假设检验结果

8.4.1 关系管理能力、关系学习与服务创新财务绩效假设检验结果

为验证关系管理能力、关系学习与服务创新财务绩效之间的关系假设，本研究建立了多元层次回归模型，并通过 SPSS 20.0 对数据进行处理。为了消除多重共线性影响，对模型中的自变量、调节变量、控制变量都进行均值中心化处理，模型的因变量均为服务创新财务绩效，回归分析的步骤如下：①建立模型 1，在模型中仅放入控制变量，随后，在模型 2 加入关系管理能力，用以验证 H1；②建立模型 3、模型 4 和模型 5，在模型 2 的基础上分别加入信息共享、共同理解和特殊关系记忆与关系管理能力的交互作用，用以验证 H2a、H2b 和 H2c；③建立模型 6、模型 7 和模型 8，在模型 3、模型 4 和模型 5 的基础上分别进一步加入竞争强度与关系学习的联合作用，用以验证 H3a、H3b 和 H3c。最后对比②和①中对应的两个方程 R^2变化是否显著，变化显著则表明调节作用显著；对比②和③中对应的两个方程 R^2变化是否显著，变化显著则表明二次调节作用显著，最终检验结果如表 8-10 所示。

表 8-10　关系管理能力、关系学习与服务创新财务绩效间关系模型的多元层次回归分析结果

自变量	服务创新财务绩效							
	Model1	Model2	Model3	Model4	Model5	Model6	Model7	Model8
年营业收入	0.015	0.02*	0.020*	0.019*	0.019*	0.021*	0.018	0.021*
年龄	-0.038	-0.062	-0.071	-0.055	-0.055	-0.083	-0.069	-0.062
文化程度	-0.117	-0.115*	-0.116**	-0.117**	-0.117**	-0.084	-0.079	-0.09
网络规划能力	-0.030	-0.099	-0.100	-0.101	-0.111*	-0.102	-0.105*	-0.113*

续表

自变量	服务创新财务绩效							
	Model1	Model2	Model3	Model4	Model5	Model6	Model7	Model8
资源识别和获取	0. 286***	0. 103	0. 108	0. 107	0. 109	0. 108	0. 119	0. 116
关系管理能力（RMC）		0. 372***	0. 333**	0. 339***	0. 357***	0. 218**	0. 234**	0. 223**
信息共享（IS）			0. 056			0. 013		
共同理解（JS）				-0. 008			0. 006	
特殊关系记忆（SR）					-0. 027			-0. 07
竞争强度（CI）						0. 256***	0. 277***	0. 270***
RMC×IS			-0. 048			-0. 042		
RMC×JS				-0. 083**			-0. 082**	
RMC×SR					-0. 09**			-0. 104**
RMC×IS×CI						0. 087**		
RMC×JS×CI							0. 045	
RMC×SR×CI								0. 118**
F	5. 087***	7. 083***	5. 773***	5. 939***	5. 820***	7. 499***	7. 345***	7. 691***
R	0. 283	0. 357	0. 371	0. 376	0. 373	0. 455	0. 451	0. 46
R^2	0. 1	0. 127	0. 138	0. 141	0. 139	0. 207	0. 204	0. 211
ΔR^2	0. 1	0. 109	0. 114	0. 117	0. 115	0. 180	0. 176	0. 184

注：*** 表示 P<0. 01，** 表示 P<0. 05，＊表示 P<0. 1

1. 关系管理能力对服务创新财务绩效直接作用的假设检验结果

模型 2 中，R 值为 0. 357，R^2值为 0. 127，ΔR^2值为 0. 109，模型 2 拟合较好，根据影响系数 β＝0. 372，P<0. 01，可以看出关系管理能力对服务创新财务绩效具有直接显著的正向影响。因此，H_1得到支持。

2. 关系学习调节作用的假设检验结果

模型 3 中，关系管理能力×信息共享（β＝-0. 048，P>0. 1）作用不显著，表示信息共享对关系管理能力与服务创新财务绩效之间关系的调节作用不显著。因此，不支持 H2a。

模型 4 中，关系管理能力×共同理解（β=-0.083，P<0.05）作用显著，表示共同理解对关系管理能力与服务创新财务绩效之间关系的负向调节作用显著。因此，不支持 H2b。

模型 5 中，关系管理能力×特殊关系记忆（β=-0.09，P<0.05）作用显著，表示特殊关系记忆对关系管理能力与服务创新财务绩效之间关系的负向调节作用显著。因此，不支持 H2c。

综上，H2 未得到验证。

3. 竞争强度和关系学习联合作用的假设检验结果

模型 6 中，关系管理能力×信息共享×竞争强度（β=0.087，P<0.05）对服务创新财务绩效的影响显著，说明竞争强度和信息共享存在联合作用，能加强关系管理能力对服务创新财务绩效的正向作用。因此，H3a 得到验证。

模型 7 中，关系管理能力×共同理解×竞争强度（β=0.045，P>0.1）对服务创新财务绩效的影响不显著，说明竞争强度与共同理解不存在联合作用，不会影响关系管理能力与服务创新财务绩效之间的作用关系。因此，不支持 H3b。

模型 8 中，关系管理能力×特殊关系记忆×竞争强度（β=0.118，P<0.05）对服务创新财务绩效的影响显著，说明竞争强度和特殊关系记忆存在联合作用，能加强关系管理能力对服务创新财务绩效的正向作用。因此，H3c 得到验证。

综上，假设 H3 得到部分验证。

8.4.2　员工创新行为、创新文化与服务创新综合绩效假设检验结果

员工创新行为、创新文化与服务创新综合绩效间关系模型的层次回归分析包含 4 个模型，模型 1 表示控制变量需求不确定性、竞争强度和

过程控制对因变量服务创新综合绩效的层次回归分析；模型 2 表示在模型 1 的基础上，自变量员工创新行为对因变量服务创新综合绩效之间进行层次回归分析；模型 3 表示在模型 2 的基础上，加上调节变量创新文化对员工创新行为与服务创新综合绩效之间关系的调节作用的层次回归分析；模型 4 表示在模型 3 的基础上，加上调节变量冗余资源调节创新文化对员工创新行为与服务创新综合绩效间调节作用的层次回归分析。服务业、制造业的层次回归分析结果如表 8-11、表 8-12 所示。

表 8-11　员工创新行为、创新文化与服务创新综合绩效间关系模型的层次回归分析结果（服务业）

变量		因变量服务创新综合绩效			
		Model 1	Model 2	Model 3	Model 4
控制变量	企业类型	-0.105	-0.055	-0.058	-0.050
	工作年限	-0.040	-0.046	-0.088	-0.075
	文化程度	-0.039	-0.044	-0.057	-0.044
	需求不确定性	0.231***	0.134*	0.129*	0.133*
	竞争强度	0.288***	0.221***	0.227***	0.211***
	过程控制	0.180***	0.131**	0.138**	0.145**
自变量	员工创新行为		0.411***	0.266***	0.184**
调节变量	创新文化			0.145*	0.094
	冗余资源				0.104
	员工创新行为×创新文化			-0.151**	-0.192**
	员工创新行为×创新文化×冗余资源				0.228**
R		0.507	0.633	0.664	0.695
R^2		0.257	0.401	0.441	0.483
ΔR^2		0.231	0.376	0.411	0.442
F		9.926	16.333	14.809	11.866

注：*** 表示 P<0.01，** 表示 P<0.05，* 表示 P<0.1

表 8-12　员工创新行为、创新文化与服务创新综合绩效间关系模型的层次回归分析结果（制造业）

变量		因变量服务创新综合绩效			
		Model 1	Model 2	Model 3	Model 4
控制变量	企业类型	0.055	0.077	0.047	0.056
	工作年限	0.106	0.178*	0.118	0.115
	文化程度	-0.046	-0.093	-0.093	-0.070
控制变量	需求不确定性	0.183	0.182*	0.130	0.154
	竞争强度	0.078	-0.042	-0.047	-0.096
	过程控制	0.142	0.124	0.085	0.043
自变量	员工创新行为		0.424***	0.456***	0.249**
调节变量	创新文化			0.156	0.174
	冗余资源				0.130
	员工创新行为×创新文化			0.319***	0.292**
	员工创新行为×创新文化×冗余资源				0.401**
R		0.310	0.504	0.566	0.658
R^2		0.096	0.254	0.320	0.433
ΔR^2		0.028	0.187	0.240	0.331
F		1.401	3.788	3.980	4.233

注：*** 表示 $P<0.01$，** 表示 $P<0.05$，* 表示 $P<0.1$

1. 员工创新行为对服务创新综合绩效直接作用的假设检验结果

首先，在服务业样本中，由表 8-11 可知，模型 2 的 R 值为 0.633，R^2 值为 0.401，ΔR^2 值为 0.376，表明模型拟合较好。层次回归分析结果中，员工创新行为（$\beta=0.411$，$P<0.01$）与服务创新综合绩效呈显著的正相关关系，说明在服务业中，员工创新行为正向影响服务创新综合绩效。因此，支持 H1a。

制造业样本层次回归分析结果与服务业一致，由表 8-12 可知，在模型 2 中，R 值为 0.504，R^2值为 0.254，ΔR^2值为 0.187，表明模型拟合较好。层次回归分析结果中，员工创新行为（$\beta = 0.424$，$P<0.01$）与服务创新综合绩效呈显著正相关关系，说明在制造业中，员工创新行为同样正向影响服务创新综合绩效。因此，H1b 也得到支持。

2. 创新文化调节作用的假设检验结果

本研究 H2a 提出，在服务业中，创新文化会正向调节员工创新行为与服务创新综合绩效之间的关系，即在服务业中创新文化越高，员工创新行为与服务创新综合绩效间的关系越强。由表 8-11 中的模型 3 可知，模型 3 的 R 值为 0.664，R^2值为 0.441，ΔR^2值为 0.411，由此可见，模型 3 拟合较好。同时交互项系数显著（$\beta = -0.151$，$P < 0.01$），负号表明创新文化的负向调节作用，即创新文化抑制了员工创新行为与服务创新综合绩效之间的正向作用，这与我们提出的假设相反，H2a 没有得到支持。

在制造业中，我们认为创新文化会促进（正向调节）员工创新行为与服务创新综合绩效之间的正向作用，即在制造业中创新文化越高，员工创新行为与服务创新综合绩效间的正向作用越强。从表 8-12 可以看出，模型 3 的 R 值为 0.566，R^2值为 0.320，ΔR^2值为 0.240，由此可见，模型 3 拟合较好。同时交互项系数显著（$\beta = 0.319$，$P < 0.01$），表明创新文化促进了员工创新行为与服务创新综合绩效之间的正向作用。因此，创新文化的正向调节作用成立，H2b 得到了支持。

3. 冗余资源和创新文化联合的假设检验结果

在服务业中，我们所提出的 H3a 认为冗余资源会促进创新文化对员工创新行为与服务创新综合绩效之间的正向调节作用，即在服务业中，当创新文化一定时，冗余资源越多，员工创新行为与服务创新综合绩效之间作用关系越强。H3a 是在 H2a 的基础上提出的，由于 H2a 没有得到支持，所以 H3a 也不成立。由表 8-11 中的模型 4 可知，模型 4

的 R 值为 0.695，R^2值为 0.483，ΔR^2值为 0.442，由此可见，模型 4 拟合较好。交互项系数显著（β=0.228，P<0.05），表明冗余资源会抑制创新文化对员工创新行为与服务创新综合绩效之间的负向调节作用。

在制造业中，H3b 认为冗余资源会促进创新文化对员工创新行为与服务创新综合绩效之间关系的正向调节作用，即在制造业中，当创新文化一定时，冗余资源越多，员工创新行为对服务创新综合绩效的正向关系越显著。从表 8-12 可以看出，模型 4 的 R 值为 0.658，R^2值为 0.433，ΔR^2值为 0.331，由此可见，模型 4 拟合较好。同时交互项系数显著（β=0.401，P<0.05），表明冗余资源会促进创新文化对员工创新行为与服务创新综合绩效之间的正向调节作用。因此，支持 H3b。

第 9 章　实证结果讨论和启示

9.1　关系管理能力与服务创新财务绩效

前文研究表明，关系管理能力对服务创新财务绩效存在正向影响，这和以往研究结论一致。例如，李纲等（2017）提出企业开发、协调、维护网络及关系的能力能更好地帮助企业获取外部知识进而提升服务创新绩效。这说明，作为企业管理二元或多元关系的能力，关系管理能力可以帮助企业与外部组织机构建立良好的合作伙伴关系，搭建紧密关系网络，有助于企业获得网络关系资源和关系中蕴藏的信息资源，以提升企业服务创新能力、创造超额利润、提高企业绩效，为企业带来竞争优势。这一研究结论丰富了网络能力和服务创新的现有文献，加深了关系管理能力对服务创新绩效作用的理解，支持了服务主导逻辑有关企业服务创新的观点（Vargo 和 Lusch，2004）。

9.2　关系学习的调节作用

前文研究表明，关系学习的不同维度对关系管理能力与服务创新财务绩效之间关系的调节作用并不相同。其中，信息分享不存在显著的调节作用，共同理解、特殊关系记忆则会显著负向调节关系管理能力对服务创新财务绩效的正向作用。这说明关系学习会在一定程度上弱化关系管理能力对服务创新财务绩效的促进作用，这一实证结果和以往研究恰好相反。例如，孙颖（2010）曾经指出组织学习体现了企业转换资源和知识的能力，组织学习可以将企业通过网络能力获取的信息资源进行发酵和吸收，使这些信息能在服务创新活动中发挥最大的效用。

通过查阅文献，总结出以下原因：一方面，关系管理能力与关系学习都是企业从外部获取资源的重要方式，两者功能相似，使两者之间功能相互抑制（Black 和 Boal，1994）。具体而言，关系管理能力是企业管理和协调与外部网络成员之间各种联系的能力，通过合作关系的搭建和互动，进而了解彼此掌握的信息资源、技术资源的情况和对方当前的需要，促使企业间进行有目的、有方向的知识获取。而关系学习则是基于双方的合作关系，双方通过信息共享和共同理解，形成特定关系记忆，进行知识交换，并改善双方的合作关系。因此，由于关系管理能力和关系学习的功能交叉和重叠，关系学习在一定程度上抑制了关系管理能力的作用，削弱了关系管理能力对企业服务创新财务绩效的正向作用。相关性分析（见表 8－7）中，关系管理能力与信息共享（0.195^{**}）、共同理解（0.255^{**}）和特殊关系记忆（0.183^{**}）均为显著正向相关，佐证了这一观点。

另一方面，关系管理能力与关系学习同时存在会导致企业资源过剩，不利于企业服务创新。因为两者同时存在使企业获取了大量外部资源，导致企业内部出现大量闲置资源，增加了企业的资源维护成本，同时也提高了企业筛选资源的难度，降低了企业效率，这些都弱化了关系管理能力对企业服务创新的有利影响，不利于提升企业服务创新财务绩效。例如，Lee（2011）证实存在过剩资源的“阴暗面”，它会导致浪费和效率低下；郭文钰和杨建君（2020）指出资源过剩会增加企业的资源筛选难度，降低企业效率，不利于企业创新。

9.3 竞争强度和关系学习的联合作用

实证结果显示，竞争强度和信息共享、特殊关系记忆存在联合作用，能够加强关系管理能力对服务创新财务绩效的正向作用；竞争强度和共同理解不存在联合作用，不会影响关系管理能力对服务创新财务绩效的正向作用。这说明，竞争强度和关系学习存在联合作用，在一定程度上强化了关系管理能力的积极作用。

一方面，在高竞争强度下，较强的关系学习和关系管理能力能够满足企业对大量资源的需求，从而促进企业服务创新。换言之，在高度竞争的环境中，为了领先于竞争对手，企业需要综合运用各种能力从外部获取资源，此时，较强的关系学习能够强化关系管理能力对企业服务创新财务绩效的积极影响。因为关系学习中信息共享和特定关系记忆能够为企业提供丰富的资源、信息、经验和惯例等有利因素，企业通过关系管理能力获取的资源越多，越有助于企业率先实践服务创新思想，领先于竞争对手传递顾客价值，从而开拓市场，获得更多利润。

另一方面，在高竞争强度的环境中，企业不仅解除了关系学习对关系管理能力作用发挥的抑制效应，还会获得关系学习对关系管理能力作用发挥的促进效应。因为在高竞争强度的环境中，企业需要更多的资源来应对竞争带来的危机和挑战，过剩的资源将会得到充分利用，帮助企业应对危机并提高运营效率，关系管理能力和关系学习带来的过剩资源成为了企业应对激烈竞争的优势，并对企业服务创新财务绩效产生积极影响。此外，资源价值的高效发挥会使企业更加依赖关系学习和关系管理能力，从而激励企业增加对两者的投入，以更好地满足企业的服务创新资源需求。因此，在高竞争强度下，关系管理能力与关系学习（信息共享、关系记忆）从相互抑制变成相互促进，这证明了 Carlson 等人

(2011) 的结论，如果公司处于动荡的环境而不是稳定的环境中，那么与外部各方互动的知识和技能对企业的创新和发展尤为重要。

9.4 员工创新行为与服务创新综合绩效

实证结果显示，在服务业和制造业中，员工创新行为都会提升企业服务创新综合绩效，这与现有的研究结论基本一致。学者们普遍认为创新行为能够促进企业提高创新绩效。例如，Chan 和 Rasli (2014) 从角色理论和社会学习理论的视角考察了员工创新行为与绩效的关系，结果表明员工创新行为能显著影响员工的任务绩效。Cingöz 和 Akdoğan (2011) 通过一项针对土耳其私营企业的调查发现，员工参与创新以提高工作角色和部门的效率，绩效的提高能够增加员工的竞争力和成功率，预期的绩效与创新行为有显著的相关关系。

和以往研究关注全部行业不同，本研究聚焦于服务业和制造业的对比分析，进一步证实了以往研究结论，加深了对员工创新行为与企业服务创新综合绩效之间作用关系的理解。因此，无论是服务业还是制造业，为了提升服务创新综合绩效和市场占有率，都应当积极鼓励员工进行创新，效仿成功的创新企业，学习如何为员工营造良好的创新软硬件环境和激励政策，从而激发员工的创新行为。

9.5 创新文化的调节作用

前文实证结果显示，在服务业中，创新文化负向调节员工创新行为对服务创新综合绩效的正向作用；而在制造业中，创新文化正向调节员工创新行为对服务创新综合绩效的正向作用。这说明，在服务业和制造业中，创新文化在员工创新行为与服务创新综合绩效间关系所发挥的调节作用并不相同，其原因分析如下：

在服务业中，创新文化越高，员工创新行为和服务创新综合绩效间的作用关系反而越弱，这与我们所提出的假设相违背。考虑到现实因素，本研究认为原因可能在于以下三点：①在服务业中，员工创新能力的评判标准在很大程度上都取决于其服务创新能力，在强势的创新文化中，由于员工都期望自己的服务创新成果能得到组织的认可，所以可能会形成激烈竞争。但这可能会使员工在一定程度上忽视组织整体的发展与运作，一味地挣脱过去的经验，过于大胆冒进，不利于其在员工创新行为和组织绩效的关系中发挥作用；②在服务业中，服务创新是一个过程性行为，具有易被其他竞争对手模仿的特性，这种高度共享的创新文化与信念会妨碍员工公开发表不同的观点，在一定程度上阻碍了组织追求和实践新方法，持续发展下去会导致企业成员面临问题时思考角度不够多样化，降低其创造性。从长远角度而言，会降低组织在适应环境变化过程中开展的对系统、流程、信仰和员工行为的调适能力；③创新文化类型不同时，起到的作用也会不同。在服务业中，员工创新行为多数是在同顾客接触的动态过程中发生的，若企业倡导的是高度一致或一成不变的创新文化，则会在一定程度上抑制员工创新行为实施的灵活性及其随机应变的能力，从而阻碍组织服务创新综合绩效的提升。其中，策略合理型文化可以在短期内提升组织绩效，相比而言，灵活适应型文化因为拥有着持续适应动荡不定的外部环境的特性，从而可以帮助提升组织的长期绩效。所以，对于服务业企业而言，灵活适应型企业文化更有助于企业在服务产生的动态过程中进行创新，从而有效地促进创新进而提高组织绩效。

在制造业中，研究结果显示创新文化正向调节了员工创新行为和服务创新综合绩效间的作用关系，这与我们所提出的假设相一致。对于制造业而言，企业文化给员工开展创新行为提供了物质与精神支撑，促使员工创新行为与企业服务创新能力互相匹配、相互驱动、耦合发展，从而推动了企业绩效的持续增长。在制造型企业服务创新的过程中，员工致力于对产品和依附于产品的服务的持续创新，可以从技术创新、产品创新以及服务过程创新等多角度展开创新活动，以满足顾客日益变化的需求，服务创新活动的开展相对于服务业而言形式更加丰富。良好的创新文化的熏陶可以有效调动员工开展丰富的创新活动，从而持续促进创新，提高企业绩效。

本书的研究进一步证实了创新文化在其他因素与企业创新绩效之间的正向或负向调节作用。例如，王炳成等（2016）以 212 份家电制造业企业为样本，检验了产品创新源泉和企业文化对产品创新绩效的影响，并证实了创新型文化在供应商创新与产品创新绩效、竞争对手创新与产品创新绩效间起正向调节作用；李瑛（2019）基于 2013—2016 年我国中小型制造行业上市公司数据，证实了创新文化会负向调节企业内部薪酬公平对技术创新绩效的正向作用。本文的研究结果将创新文化的正向调节和负向调节作用，从其他因素与企业创新综合绩效之间拓展到不同行业之间，证实了创新文化对员工创新行为和企业服务创新绩效之间关系的调节作用会因为行业的不同而变化，这是对现有观点的极大拓展和补充，极大地丰富了创新文化、创新绩效的现有文献，加深了对创新文化的调节作用的理解。

9.6　冗余资源和创新文化的联合作用

实证结果显示，冗余资源和创新文化存在联合作用，其联合作用会强化员工创新行为对企业服务创新综合绩效的正向作用。这说明，在服务业中，冗余资源抑制了创新文化在员工创新行为与服务创新综合绩效间关系的负向调节作用；在制造业中冗余资源会促进创新文化对员工创新行为与服务创新综合绩效间关系的正向调节作用。也就是说，企业的创新文化氛围越浓，冗余资源越多，员工创新行为对服务创新综合绩效的促进作用越大。

本书的研究进一步证实了冗余资源促进企业创新及其绩效的积极作用，这和以往学者们的研究基本一致。首先，充足的冗余资源不仅使组织具有安全感，也意味着组织可能有着超乎预期的支付能力，组织成员很容易被额外的报酬所吸引。其次，组织内各部门会由于组织资源的变动发生资源争夺，若组织内有冗余资源，可以减少部门间的资源争夺现象，促进组织的团结协作。再次，企业所处的外部环境是在不断变动的，或多或少会给组织造成影响，而冗余资源的存在使企业可以从容地应对外部环境的不稳定性，减轻由此产生的损失。最后，冗余资源作为企业内部额外的资源存货，当企业开展新项目时可以及时提供充足的资源支持，保障创新项目及时高效地实施。

9.7 管理启示

9.7.1 重视网络能力，尤其是企业关系管理能力的建设

网络能力尤其是关系管理能力在企业服务创新中起到了关键作用。服务创新能够帮助企业维持和提高市场份额，获得更多利润，从而提升企业竞争优势，以此驱动企业积极开展服务创新活动，而服务创新活动的开展需要大量异质性资源的支持，使得企业除了整合内部资源外，还要主动嵌入到外部关系网络中，并从中获取稀缺性资源。只有有效管理和协调外部复杂网络才能提高企业的资源获取效率和质量，这要求企业具备良好的关系管理能力。关系管理能力能够帮助企业筛选、构建和发展适当的关系网络，从中获取关键资源，并将其用于服务创新，从而提

升服务创新财务绩效。这启示企业在进行服务创新活动时，应保持积极开放的心态，通过关系管理能力构建并发展与外部组织机构的关系，主动嵌入到外部关系网络中，拓宽企业外部资源获取渠道，丰富企业资源种类和数量，并对外部关系网络进行有效管理，提高企业资源获取的效率和质量，并将这些资源用于服务创新活动，从而提升企业服务创新财务绩效。

9.7.2 关注关系学习的作用，尤其是在高竞争强度环境中的作用

一方面，关系学习和关系管理能力同时存在，不利于企业进行服务创新。关系学习和关系管理能力之间存在功能重叠，降低了企业通过关系管理能力获取资源的价值，导致企业对关系管理能力的依赖程度降低，不利于关系管理能力对企业服务创新积极作用的发挥。这启示企业在培养相关能力时应重视新能力与现有能力的匹配性和兼容性。虽然外部关系的构建和资源获取对于企业服务创新至关重要，但关系学习和关系管理能力同时存在并不会使企业获得 1+1>2 的协同效应，相反，还会导致企业无法投入足够的资源发展两者，因而无法更好地发挥企业关系管理能力的作用。且两者同时存在会导致企业资源过剩，提高了企业的资源维护成本和资源筛选难度，降低了企业效率，不利于企业顺利高效地开展服务创新活动。

另一方面，在高竞争强度环境中，关系学习和关系管理能力对企业服务创新至关重要。在竞争激烈的市场环境中，企业要想获取竞争优势，就需要不断开展并加快服务创新，领先竞争对手传递顾客价值。而快速实践服务创新思想需要大量资源的支持，企业只有拥有较强的关系学习和关系管理能力才能快速获取大量资源，并将其用于服务创新，从而提升服务创新财务绩效。同时，在高竞争强度环境中，关系学习和关

系管理能力同时存在的资源过剩问题得到有效的缓解，提升了企业效率，有助于企业进行服务创新。这启示企业应正确面对竞争环境，积极地将竞争环境中的危险转变为机遇，并把握竞争环境中的机遇。具体而言，在高竞争强度环境中，企业应综合提升各种能力，尤其是关系学习和关系管理能力，以快速获取更多、更高质量的服务创新资源。同时，企业也无需担心能力过载会带来的资源过剩问题，相反，在高竞争强度环境中，资源过剩是一种高效的表现，有助于企业实现弯道超车，提升竞争优势。

9.7.3　采取多种措施，激发企业员工创新行为

员工创新行为对企业服务创新的作用是毋庸置疑的。在服务业和制造业中，员工是企业服务创新活动的重要实践者，他们距离顾客最近，通过频繁与顾客直接接触能及时准确地找出和定位问题根源，并集思广益，采取一系列的创新行为来解决问题，从而提升企业服务传递的质量和效率，提高企业服务创新综合绩效。这启示企业管理者应重视员工个人层面的创新活动，为员工营造良好的创新软硬件环境，采取积极的激励政策，从而激发员工的创新行为。具体而言，个体创新活动中的每一个环节都需要组织的支持，这就需要组织深入研究影响员工创新行为发生的各种因素，包括创新文化与理念、组织资源的支持与创新投入等，只有持续关注并满足员工创新行为的发生条件，才能有效促进创新。所以说，无论是服务型企业还是制造型企业，都应当积极鼓励员工进行创新，同时效仿持续创新成功的企业，学习如何为员工营造良好的创新软硬件环境，建立积极的激励政策，从而激发员工的创新行为。

9.7.4　关注创新文化在不同行业企业服务创新中的间接作用

在服务业和制造业中，创新文化在员工创新行为与企业服务创新综

合绩效间关系的调节作用是不一致的。在服务业中，创新文化负向调节两者的关系；在制造业中，创新文化正向调节两者的关系。因此，对于不同类型企业，其对创新文化有不同的要求。这启示管理者应根据企业所处行业性质构建相应的创新文化，因为创新文化在不同组织中有着不同作用。

具体而言，在服务业中，由于高度创新文化可能引发员工的激进行为，而服务创新行为发生的过程具有易模仿和可复制的特性，从而阻碍了员工公开表达自己的创新观点，在某种程度上不利于企业服务创新综合绩效的提升。高度一致或一成不变的创新文化也会抑制员工创新行为实施的灵活性及其随机应变的能力。所以，企业在构建企业文化时，要结合企业实际情况和员工特点优先选择灵活适应型企业文化，不要对其创新行为有太多的模式设定，减少员工灵活进行创新行为的约束；要对员工的创新行为设定测量评估标准，以减少员工激进式创新；要重点加强组织内信息的交流与分享，建立完善的配套激励制度，提高员工创新的成效，最终形成良好的企业创新文化，提升组织的服务创新绩效。

在制造业中，创新文化能够增强员工创新行为对企业服务创新综合绩效的积极影响。因此，管理者应从不同视角丰富企业的创新文化，鼓励各部门员工不断尝试新方法和新路径，促使他们开拓思维、解放思想、摆脱经验主义的枷锁，从而引导员工投入到正确的创新行为中来，不断更新产品和依赖于产品的服务，最终为企业赢得竞争优势。

9.7.5　挖掘企业冗余资源，促进企业服务创新并提升创新绩效

无论是在服务业还是制造业中，当创新文化一定时，冗余资源都会促进员工创新行为与服务创新综合绩效间的关系。这启示管理者要重视冗余资源的作用，充分挖掘冗余资源。对服务型企业而言，可以深度挖掘企业冗余人力资源的价值，激发员工的创新潜能，增强企业服务

创新活动开展的主动性和智力支持能力，从而提升服务创新的执行力。对制造型企业而言，应该充分利用现有的冗余资源，努力使闲置的冗余资源成功有效地转化，并尝试利用这些资源实验一些新的战略和创新项目，保证创新项目顺利实施的同时，持续提升企业绩效。同时能够将现存的流动资金用来购置有价值的物质资产，降低创新活动开展的阻力。

第 10 章　研究结论与展望

当今世界已经进入后工业化社会，全球服务业迅猛发展，并逐步成为经济增长的重要动力和现代化的重要标志，制造业也通过增加服务要素实现价值增值和建立竞争优势。因此，服务创新不仅是服务业发展的焦点，也是制造业摆脱价值链低端锁定、构建全新业务领域的有效途径，企业服务创新绩效成为了企业界和学术界共同关注的重点问题。

本书针对企业服务创新的现实问题，梳理了国内外相关文献，构建了企业服务创新绩效的影响因素及其作用机制的理论模型，探讨了关系管理能力、关系学习、竞争强度与企业服务财务创新绩效之间的作用关系，以及员工创新行为、创新文化、冗余资源对企业服务创新综合绩效的影响，提出相应的研究假设。随后，通过问卷调查，从东、中、西部选取北京、河南、上海、广东等 16 个省市，获得了 298 份有效样本数据，利用 SPSS 20.0 统计软件和多元层次回归分析对样本数据进行了处理与分析，验证了所提出的模型和假设，取得了预期研究结果，达到了研究目的。

10.1　主要研究结论

10.1.1　关系管理能力、关系学习对服务创新财务绩效的影响

（1）关系管理能力对服务创新财务绩效存在正向影响，这和以往

研究结论一致。以往研究表明，企业对外部二元及多元关系协调得越好，越有助于外部资源向内部涌入，有助于提高其服务创新绩效。例如，李纲（2017）提出的企业开发、协调、维护网络及关系的能力使企业能更好地获取外部资源进而提升服务创新绩效。这说明关系管理能力可以帮助企业与外部组织机构建立良好的合作伙伴关系，搭建紧密关系网络，有助于企业获得网络关系资源和关系中蕴藏的信息资源，提升企业服务创新绩效，为企业带来竞争优势。这一研究结论丰富了网络能力和服务创新的现有文献，加深了关系管理能力对服务创新财务绩效作用的理解，支持了服务主导逻辑有关企业服务创新的观点（Vargo 和 Lusch，2004）。

（2）关系学习的不同维度对关系管理能力与服务创新财务绩效之间关系的调节作用并不相同。其中，信息分享不存在显著的调节作用，共同理解、特殊关系记忆则会显著负向调节关系管理能力对服务创新财务绩效的正向作用。这说明关系学习会在一定程度上弱化关系管理能力对服务创新财务绩效的促进作用，这一实证结果和以往研究恰好相反。例如，孙颖（2010）曾经指出组织学习体现了企业转换资源和知识的能力，组织学习可以将企业通过网络能力获取的信息资源进行发酵和吸收，使这些信息能在服务创新活动中发挥最大的效用。

这说明，由于关系管理能力和关系学习的功能交叉和重叠，关系学习在一定程度上抑制了关系管理能力的作用，削弱了关系管理能力对企业服务创新财务绩效的正向作用。同时，关系管理能力和关系学习都能帮助企业获取外部资源，导致企业内部资源闲置，降低企业运营效率，不利于提升企业服务创新财务绩效。例如，Lee（2011）证实了存在过剩资源的“阴暗面”，它会导致资源浪费和企业运营效率低下。郭文钰和杨建君（2020）指出，资源过剩会增加企业的资源筛选难度，降低企业效率，不利于企业服务创新。因此，在管理实践中，企业为了促进服务创新并提升其绩效，在强化能力和获取资源的过程中，应该避免功能交叉和重叠，根据企业情况有的放矢，针对性地投入，使其效用最大化。

（3）竞争强度和信息共享、特殊关系记忆存在联合作用，能够加强关系管理能力对服务创新财务绩效的正向作用；竞争强度和共同理解不存在联合作用，不会影响关系管理能力对服务创新财务绩效的正向作用。这说明，竞争强度和关系学习存在联合作用，在一定程度上强化了关系管理能力的积极作用。一方面，在高竞争强度下，较强的关系学习和关系管理能力能够满足企业对大量资源的需求，从而促进企业服务创新。换言之，在高度竞争的环境中，为了领先于竞争对手，企业需要综合运用各种能力从外部获取资源，此时，较强的关系学习能够强化关系管理能力对企业服务创新财务绩效的积极影响。另一方面，在高竞争强度环境中，企业不仅解除了关系学习对关系管理能力作用发挥的抑制效应，还会获得关系学习对关系管理能力作用发挥的促进效应。因为在高竞争强度环境中，企业需要更多的资源来应对竞争带来的危机和挑战，企业过剩的资源将会得到充分利用，帮助企业应对危机并提高运营效率，关系管理能力和关系学习带来的过剩资源成为了企业应对激烈竞争的优势，并对企业服务创新财务绩效产生积极影响。因此，在高竞争强度下，关系管理能力与关系学习（信息共享、关系记忆）从相互抑制变成了相互促进，这证明了 Carlson 等（2011）的结论，如果公司处于动荡的环境中，那么与外部各方互动的知识和技能对创新和发展更为重要。

10.1.2 员工创新行为、创新文化与服务创新综合绩效的作用关系

（1）通过服务业和制造业的对比研究发现，在服务业和制造业

中，员工创新行为都会提升企业服务创新综合绩效，这与现有研究的研究结论基本一致。学者们普遍认为创新行为能够促进企业提高其创新绩效。例如，Leong 和 Rasli（2014）从角色理论和社会学习理论的视角考察了员工创新行为与绩效的关系，结果表明员工创新行为能够显著影响员工的任务绩效。Cingöz 和Akdoğan（2011）通过一项针对土耳其私营企业的调查发现，员工参与创新以提高工作角色和部门的效率，绩效的提高能够增强员工的竞争力并提高成功率，预期的绩效与创新行为有显著的相关关系。因此，无论是制造业还是服务业，为了提升服务创新绩效和市场占有率，都应当积极鼓励员工进行创新，效仿成功的创业企业，学习如何为员工营造良好的创新软硬件环境和激励政策，从而激发员工创新行为。

（2）在服务业中，创新文化负向调节员工创新行为对服务创新综合绩效的正向作用；而在制造业中，创新文化正向调节员工创新行为对服务创新综合绩效的正向作用。这说明，在服务业和制造业中，创新文化在员工创新行为与服务创新综合绩效间关系所发挥的调节作用并不相同。本研究进一步证实了创新文化在其他因素与企业创新绩效之间关系中的正向或负向调节作用。例如，王炳成等（2016）以 212 份家电制造业企业为样本，检验了产品创新源泉和企业文化对产品创新绩效的影响，并证实了创新型文化在供应商创新与产品创新绩效、竞争对手创新与产品创新绩效间起正向调节作用；李瑛（2019）基于 2013—2016 年我国中小型制造行业上市公司数据，证实了创新文化会负向调节企业内部薪酬公平对技术创新绩效的正向作用。这一研究结果将创新文化的正向调节和负向调节作用，从其他因素与企业创新综合绩效之间拓展到不同行业之间，证实了创新文化对员工创新行为和企业服务创新综合绩效之间关系的调节作用会因为行业的不同而变化，这是对现有观点的极大拓展和补充，极大地丰富了创新文化、创新绩效的现有文献，加深了对创新文化调节作用的理解。

（3）实证结果显示，冗余资源和创新文化存在联合作用，其联合作用会强化员工创新行为对企业服务创新综合绩效的正向作用。这说明，在服务业中，冗余资源抑制了创新文化在员工创新行为与服务创新综合绩效间关系的负向调节作用；在制造业中，冗余资源会促进创新文化对员工创新行为与服务创新综合绩效间关系的正向调节作用。也就是说，企业的创新文化氛围越浓，冗余资源越多，员工创新行为对服务创新综合绩效间的促进作用越大。因此，在实践中，服务业和制造业都应当充分挖掘企业的冗余资源，有效利用冗余资源以将其在企业服务创新过程中所发挥的作用最大化。

10.2　研究不足和未来研究方向

虽然通过实证研究，本研究基本达到了预期研究目标，但仍存在一定的局限性，主要表现在以下几个方面：

（1）本研究的样本虽然涵盖了许多城市，但由于调研的参与者多数为在校学生，社会经验和人脉网络有限，致使本研究的样本多数集中在河南、北京、河北、黑龙江、上海等省市地区和新疆生产建设兵团，其他省市数量较少，部分省市没有涉及到，对全国企业的代表性不是很好。且最后通过筛选，制造业的样本仅有 86 份，对中国整体制造业的把握不够，之后的研究者可以通过扩大样本容量，通过扩大调研范围等方式更全面地展开研究。

（2）本研究在关系管理能力、关系学习与服务创新财务绩效的关系模型中，对服务创新绩效的测量侧重于财务绩效题项，也有学者提出服务创新绩效可通过顾客满意度、产品或服务的质量及战略目标等非财务题项测量，未来的研究可进一步探讨关系管理能力、关系学习和竞争强度对非财务绩效的影响。

（3）在关系管理能力、关系学习与服务创新财务绩效的关系模型中，本研究仅考虑了外部环境的竞争强度这一特征，以往的研究表明企业能力在不同的环境下有不同的效果。因此，未来的研究可以尝试从政策不确定性等其他环境特征入手，对该理论框架进行丰富。

（4）本研究在员工创新行为、创新文化与服务创新综合绩效的关系模型中，将创新文化和冗余资源纳入理论模型中探讨二者的调节机制，但在员工创新行为和服务创新综合绩效之间关系的研究中，调节变量还可能存在其他因素，如领导风格、工作环境、关系学习等变量，还可能包括企业外部因素，如市场导向、宏观经济政策等方面。未来的研究可以考虑从企业内外部因素结合的视角选取一些关键要素，从而更为全面地审视员工创新行为驱动服务创新的调控机制。

参考文献

[1] Abrams L, et al. Nurturing interpersonal trust in knowledge-sharing networks [J]. The Academy of Management Executive, 2003, 17 (4): 64-77.

[2] Aghion P, Bloom N, Griffith R, et al. Competition and Innov ation: An Inverted U Relationship [J]. Quarterly Journal of Economics, 2002, 120 (2).

[3] Aksoy H. How do innovation culture, marketing innovation and product innovation affect the market performance of small and medium-sized enterprises (SMEs) [J].Technology in Society, 2017, 51 (11): 133-141.

[4] Albort-Morant G, Leal-Millán A, Cepeda-Carrión G, et al. Developing Green Innovation Performance by Fostering of Organizational Knowledge and Coopetitive Relations [J]. Review of Managerial Science, 2018, 12 (2): 499-517.

[5] Andries P and Czarnitzki D. Small firm innovation performance and employee involvement [J]. Small Business Economics, 2014, 43 (1): 21-38.

[6] Andriopoulos C and Lewis M W. Exploitation-exploration tensions andorganizational ambidexterity: managing paradoxes of innovation [J]. Organization Science, 2009, 20 (4): 696-717.

[7] Antonio L M, Jose L R, Antonio L L, et al. IT and relationship learning in networks as drivers of green innovation and customer capital: evidence from the automobile sector[J]. Journal of Knowledge Management, 2016, 20 (3): 444-464.

[8] Argyris C and Schön D A. Organizational Learning: A Theory of Action Perspective[J].Reis, 1997, 10 (77/78): 345-348.

[9] Avlonitis G, Papastathopoulou P, Gounaris S. An empirically-based typology of product innovativeness for new financial services: success and failure scenarios[J].Journal of Product Innovation Management, 2001, 18 (5): 324-342.

[10] Avlontis G, Papastathopoulou P, Gounaris S. An empirical based typology of product innovativeness for newfifinancial services: Success and failure scenario[J].Journal of Product Innovation Management, 2001, 18 (5): 324-342.

[11] Baines T, Lightfoot H, Benedettini O, et al. The servitization of manufacturing: A review of literature and reflection on future challenges [J].Journal of Manufacturing Technology and Management, 2009, 20 (5): 547-567.

[12] Bandura A. Social foundations of thought and action: a social cognitive theory[J].Journal of applied psychology, 1986, 12 (1): 169-171.

[13] Battor M. The impact of customer relationship management capability on innovation and performance advantages: testing a mediated model [J].Journal of Marketing Management, 2010, 26 (9-10): 842-857.

[14] Bauer T N and Green S G. Development of a Leader-Member Exchange: A LongitudinalTest[J].Academy of Management Journal, 1996, 39 (6): 1538-1567.

[15] Baum A C, LiS X, Usher J M. Making the next move: How experiential and vicarious learning shape the locations of chains' acquisitions [J].Administrative Science Quarterly, 2000, 45 (4): 766-801.

[16] Bengsston M. Climates of competition[M].Amsterdam: Harwood Academic Publishers, 1998.

[17] Berry L L, Shankar V, Parish J T, Cadwallader S, Dotzel T. Creating new markets through service innovation[J]. Sloan Management Review, 2006, 47 (2): 56-63.

[18] Bharadwaj S and Menon A. Making Innovation Happen in Organizations: Individual Creativity Mechanisms, Organizational Creativity Mechanisms Or Both? [J].Journal of product innovation management, 2000, 17 (6): 424-434.

[19] Bierly P E, Kessler E H, Christensen E W. Organizational learning, knowledge and wisdom[J].Journal of Organizational Change Management, 2000, 13 (6): 595-618.

[20] Bilderbeek R, Hertog P, Marklund G, et al. Service in innovation: knowledge intensive business services (KIBS) as caproducers of innovation. SI4S Synthess Paper[J].Work package. 1998, 5 (6) .

[21] Black J A and Boal K B. Strategic Resources: Traits, Configurat ions and Paths to Sustainable Competitive Advantage[J].Strategic Management Journal, 1994, 15: 131-148.

[22] Blau P M. Exchange and power in social life[M]. Transaction Publishers, 1964.

[23] Blazevic V and Lievens A. Learning during the new financial service innovation process Antecedents and performance effects[J]. Journal of Business Research, 2004, 57 (4): 374-391.

[24] Blindenbach D F. The Locus of Innovation: The Effect of a Separate Innovation Unit on Exploration, Exploitation, and Ambidexterity in Manufacturing and Service Firms [J]. Journal of Product Innovation Management, 2014, 31 (5): 1089-1105.

[25] Blindenbach - Driessen F and Ende J V D. The Locus of Innovation: The Effect of a Separate Innovation Unit on Exploration, Exploitation, and Ambidexterity in Manufacturing and Service Firms[J].Journal of Product Innovation Management, 2014, 31 (5): 1089-1105.

[26] Bock G W and Kim Y G. Breaking the Myths of Rewards: An Exploratory Study of Attitudes about Knowledge Sharing[J].2002, 15 (2): 14-21.

[27] Cameron K S. Cultural Congruence, Strength, and Type: Relationships to Effectiveness [J]. Review of Higher Education, 1985, 9 (1): 52.

[28] Carlson B D, Frankwick G L, Cumiskey K J. A Framework for Understanding New Product Alliance Success[J].Journal of Marketing Theory & Practice, 2011, 19 (1): 7-26.

[29] Chan T L and Rasli A. The Relationship between Innovative Work Behavior on Work Role Performance: An Empirical Study [J]. Procedia - Social and Behavioral Sciences, 2014, 129 (4): 592-600.

[30] Chang J C and Yang Y L. The effect of organization' s innovational climate on student' s creative self-efficacy and innovative behavior [J].Business & Entrepreneurship Journal, 2012, 1 (1): 75-100.

[31] Chapman R L, Soosay C, Kandampully J. Innovation in logistic services and the new business model: a conceptual framework[J].Managing service quality, 2002, 12 (6): 358-371.

[32] Chen B T. Service innovation performance in the hospitality industry: The role of organizational training, personal - job fit and work schedule flexibility [J]. Journal of Hospitality Marketing & Management, 2017, 26 (5): 474-488.

[33] Chen J X, Sharma P, Zhan W, et al. Demystifying the impact of CEO transformational leadership on firm performance: Interactive roles of exploratory innovation and environmental uncertainty[J].Journal of Business Research, 2019, 96: 85-96.

[34] Chen K H, Wang C H, Huang S Z, et al. Service innovation and new product performance: The influence of market-linking capabilities and market turbulence [J]. International Journal of Production Economics, 2016, 172: 54-64.

[35] Cheng C C J and Krumwiede D. What makes a manufacturing firm effective for service innovation? The role of intangible capital under strategic and environmental conditions[J]. International Journal of Production Economics, 2017, 193: 113-122.

[36] Chenhall R H and Langfield-Smith K. Multiple perspectives of performance measures[J].European Management Journal, 2007, 25 (4): 266-282.

[37] Cheung M S, Myers M B, Mentzer J T. Does relationship learning lead to relationship value? A cross-national supply chain investigation[J]. Journal of OperationsManagement, 2010, 28 (6): 472-487.

[38] Chin W W. Issues and Opinion on Structural Equation Modeling [J].Mis Quarterly, 1998, 22 (1): 7-16.

[39] Chiu T H and Yen. How network competence and network location influence innovation performance[J].Journal of Business & Industrial

Marketing, 2008, 24 (1): 46-55.

[40] Chou S W, Hsu C S. Understanding online repurchase intention: social exchange theory and shopping habit [J]. Information Systems and e-Business Management, 2016, 14 (1): 19-45.

[41] Cingöz A and Akdoğan A A. An empirical examination of performance and image outcome expectation as determinants of innovative behavior in the workplace [J]. Procedia Social and Behavioral Sciences, 2011, 24 (24): 847-853.

[42] Clark K B. The interaction of design hierarchies and market concepts in technological evolution [J]. Research policy, 1985, 14 (5): 235-251.

[43] Claver E, Llopis J, Garcia D, et al. Organizational culture for innovation and newtechnological behavior[J].The Journal of High Technology Management Research, 1998, 9 (1): 55-68.

[44] Colbert B A. The complex resource-based view: implications for theory andpractice in strategic human resource management[J].Academy of Management Review, 2004, 29 (3): 341-358.

[45] Colin C and Cheng. The role of service innovation in the market orientation-new service performance linkage [J]. Technovation, 2012, 32: 487-497.

[46] Compeau D and Higgins C. Computer self-ecacy: development of a measure and initial test[J].MIS Quarterly, 1995, 19 (2): 189-211.

[47] Compeau D, Christopher A, Higgins and Sid Huff. Social Cognitive Theory and Individual Reactions to Computing Technology: A Longitud inal Study[J].Mis Quarterly, 1999, 23 (2): 145-158.

[48] Cropanzano R and Mitchell M S. Social exchange theory: An in-

terdisciplinary review[J].Journal of management, 2005, 31 (6): 874-900.

[49] De Brentani U. Success and failure in new industrial services [J].Journal of Product Innovation Management, 1989, 6 (4): 239-528.

[50] De Jong, Jeroen P J, Vermeulen P A M. Organizing successful new service development: a literature review [J]. Management Decision, 2003, 41 (9): 844-858.

[51] Deal T E and Kennedy A A. Corporate cultures: The rites and rituals of organizational life [J]. Reading/T. Deal, A. Kennedy. -Mass: Addison-Wesley, 1982, 2: 98-103.

[52] Den Hertog P, Van der Aa W, de Jong M W. Capabilities for managing service innovation: towards a conceptual framework[J].Journal of Service Management, 2010, 21 (4): 490-514.

[53] Denison D R. Bringing corporate culture to the bottom line[J].organizational dynamics, 1984, 13 (2): 5-22.

[54] Dotzel T, Shankar V, Berry L L. Service innovativeness and firm value[J].Journal of Marketing Research, 2013, 50 (2): 259-276.

[55] Duncan R B. Characteristics of organizational environments and perceived environmental uncertainty [J]. Administrative Science Quarterly, 1972, 7 (3): 313-327.

[56] Durst S, Mention A, Poutanen P. Service innovation and its impact: What do we know about? [J].Investigaciones EuropeasDe Direcci6n Y Economía De La Empresa, 2015, 21 (2): 65-72.

[57] Dyer J H and Singh H. The relational view: cooperative strategy and sources of interorganizational competitive advantage[J].Academy of Management Review, 1998, 23 (4): 660-679.

[58] Easterby Smith M, Lyles M A, Tsang E W K. Inter-organiza-

tional knowledge transfer: Current themes and future prospects[J].Journal of Management Studies, 2008, 45 (4): 677-690.

[59] Egan T M. Factors influencing individual creativity in the workplace: An examination ofquantitative empirical research[J].Advances in developing human resources, 2005, 7 (2): 160-181.

[60] Fiol C M and Lyles M A. Organizational learning[J].Academy of Management Review, 1985, 10 (4): 803-813.

[61] Fiordelisi, Renneboog L, Ricci Ornella, et al. Creative Corpo rate Culture and Innovation[J].Journal of International Finanical Markets, Institutions & Money, 2019, 53: 1-24.

[62] Fitzsimmons J A and Fitzsimmons M J. Service Management: Operations, Strategy and Information Technology [M], Boston: McGraw-Hill /Irwin, 1998.

[63] Fons Boronat J M. Gestión de la innovación[M].Publicaciones de la Real Academia de Ciencias Económicas y Financieras, 1992.

[64] Forkmann S, Henneberg S C, Naudé, Peter, et al. Supplier relationship management capability: a qualification and extension [J]. Industrial Marketing Management, 2016, 57: 185-200.

[65] Fornell C and Larcker D F. Evaluating Structural Equation Models with Unobservable Variables and Measurement Error[J].Journal of Marketing Research, 1981, 18 (1): 39-50.

[66] Freel M S. Perceived Environmental Uncertainty and Innovation in Small Firms[J].Small Business Economics, 2005, 25 (1): 49-64.

[67] Gao S, Yin F, Chen J, Guo Y. The Mechanism of Inter-Organizational Collaboration Network on Innovation Performance: Evidences from East Coastal Enterprises in China[J].Journal of Coastal Research, 2019, 94

(1): 945-949.

[68] Gebauer H, Fleisch E, Friedli T. Overcoming the Service Paradox in Manufacturing Companies [J]. European Management Journal, 2005, 23 (1): 14-26.

[69] Gebremeskel Y, Simuchimba B, Mulenga C. Skills Gap, Innovation, and Firms Performance in Zambia[J].International Journal of Economics and Finance, 2019, 11 (8): 129-129.

[70] Gema A M, Antonio L M, Gabriel C C. The antecedents of green innovation performance: A model of learning and capabilities [J]. Journal of Business Research, 2016, 69 (11): 4912-4917.

[71] Govindarajan V and Fisher F. Strategy, control systems, and resource sharing: effects onbusiness-unit performance[J].Academy of Management Journal, 1990, 33 (2): 259-285.

[72] Granovetter M. The strength of weak ties[J].American Journal of Sociology, 1973, 78 (6): 1360-1380.

[73] Grawe S J, Chen H, Daugherty P J. The relationship between strategic orientation, service innovation, and performance [J]. International Journal of Physical Distribution & Logistics Management, 2009, 39: 282-300.

[74] Greeven M J and Zhao X. Developing Innovative Competences in an Emerging Business System: New Private Enterprises in Hangzhou' s Software Industry[J].ERIM Report Series Research in Management, 2009, 3: 1-51.

[75] Gulati R. Network Location and Learning: The Influence of Network Resources and Firm Capabilities on Alliance Formation [J]. Strategic Management Journal, 1999, 20 (5): 397-420.

[76] Gupta A K, Smith K G, Shalley C E. The interplay between exploration and exploitation [J]. Academy of Management Journal, 2006, 49 (4): 693-706.

[77] Hakansson H. Understanding Business Markets [M]. NewYork: CroomHelm, 1987.

[78] Hanif M I and Asgher M U. Service innovation and service innovation performance: A study of banking services[J].Pakistan Journal of Commerce and Social Sciences (PJCSS), 2018, 12 (2): 670-694.

[79] Hare A P, Thibaut J W, Kelley H H. The Social Psychology of Groups. [J].social service review, 1959, 1 (3): 184-186.

[80] Hartley J and Allison M. Good, better, best? Inter-organizational learning in a network of local authorities [J]. Public Management Review, 2002, 4 (1): 101-118.

[81] Hauknes J. Services in innovation-innovation in services[R].1998.

[82] He Z L and Wong P K. Exploration vs. Exploitation: An Empirical Test of the Ambidexterity Hypothesis[J].Organization Science, 2004, 15 (4): 481-494.

[83] Henard D H and D M Szymanski. Why some new products are more successful than others [J]. Journal of Marketing Research, 2001, 38 (3): 362-375.

[84] Hertog P D. Knowledge-intensive business services as co-producers of innovation [J]. International Journal of Innovation Management, 2000, 4 (4): 491-528.

[85] Heskett J L and Kotter J P. Corporate culture and performance [J].Business Review. 1992, 2: 83-93.

[86] Hipp C, Tether B, Miles I. The incidence and effects of innova-

tion in services: Evidence from Germany[J].International Journal of Innovation Management, 2000, 4: 417-453.

[87] Homans G C. Social behavior as exchange[J].Journal: American Journal of Sociology, 1958, 63 (6): 597-606.

[88] Hsu M H, Ju T L, Yen C H, et al. Knowledge sharing behavior in virtual communities: The relationship between trust, self-efficacy, and outcome expectations [J]. International Journal of Human - Computer Studies, 2007, 65 (2): 153-169.

[89] Hsueh J T, Lin N P, Li H C. The effects of network embedded ness on service innovation performance[J].The Service Industries Journal, 2010, 30 (10): 1723-1736.

[90] Hu B. Linking business modelswith technological innovation performance through organizational learning [J]. European Management Jour nal, 2014, 32 (4): 587-595.

[91] Huang W, Ma G, Chen X. Does the Level of Environmental Uncertainty Matter in the Effect of Returnee CEO on Innovation? Evidence from Panel Threshold Analysis[J].Sustainability, 2019, 11 (9): 26-45.

[92] Huber G P, O'Connell M J, Cummings L L. Perceived Environmental Uncertainty: Effects of Information and Structure[J].The Academy of Management Journal, 1975, 18 (4): 725-740.

[93] Hurt H T, Joseph K, Cook C D. Scales for the measurement of innovativeness[J].Human Communication Research, 1977, 4 (1): 58-65.

[94] Hussain K, Konar R, Ali F. Measuring service innovation performance through team culture and knowledge sharing behaviour in hotel services: a PLS approach [J]. Procedia - Social and Behavioral Sciences, 2016, 224 (15): 35-43.

[95] Jassawalla A R and Sashittal H C. Cultures that support productinnovation processes[J].Academy of Management Executive, 2002, 16 (3): 42-54.

[96] Jaw C, Lo J Y, Lin Y H. The determinants of new service development: Servicecharacteristics, market orientation, and actualizing innova tion effort[J].Technovation, 2010, 30 (4): 265-277.

[97] Jaworski B J and Kohli A K. Market orientation: antecedents and consequences[J].Journal of Marketing, 1993, 57 (4): 53-70.

[98] Jean R J B and Sinkovics R R. Relationship learning and performance enhancement via advanced information technology: The case of Taiwan ese dragon electronics firms[J].International Marketing Review, 2010, 27 (2): 200-222.

[99] Jian Z and Wang C. The Impacts of Network Competence, Knowledge Sharing on Service Innovation Performance: Moderating Role Of Relationship Quality[J].Journal of Industrial Engineering and Management, 2013, 6 (1): 25-49.

[100] Jian Z, Osman M A, Li L. The effects of relational embeddedness on service innovation performance: network competence as a mediator [J].International Journal of Services Operations and Informatics, 2017, 8 (3): 246-262.

[101] Johanson J and Vahlne J E. Business Relationship Learning and Commitment in the Internationalization Process[J].Journal of International Entrepreneurship, 2003, 1 (1): 83-101.

[102] Kalay F and Lynn G. The impact of strategic innovation management practices on firm innovation performance [J]. Research Journal of Business and Management, 2015, 2 (3): 412-429.

[103] Kang K H and Kang J. Do External Knowledge Sourcing Modes Matter for Service Innovation? Empirical Evidence from South Korean Service Firms[J]. Journal of Product Innovation Management, 2014, 31 (1): 176-191.

[104] Kim H, Hong J, Park Y U, et al. Sodium Storage Behavior in Natural Graphite usingEther-based Electrolyte Systems[J]. Advanced Functional Materials, 2015, 25 (4): 534-541.

[105] Kim N, Shin S, Min S. Strategic marketing capability: Mobilizing technological resources for new product advantage[J]. Journal of Business Research, 2016, 69 (12): 5644-5652.

[106] Kindstrom D, Kowalkowski C, Sandberg E. Enabling service innovation: A dynamic capabilities approach [J]. Journal of Business Research, 2013, 66 (8): 1063-1073.

[107] Kleysen R F and Street C T. Toward a multi-dimensional measure of individual innovative behavior[J]. Journal of Intellectual Capital, 2001, 2 (3): 284-296.

[108] Knight L. Network Learning: Exploring Learning by Interorganizational Networks[J]. Human Relations, 2002, 55 (4): 427-454.

[109] Kopalle G P K. Disruptiveness of Innovations: Measurement and an Assessment of Reliability and Validity [J]. Strategic Management Journal, 2006, 27 (2): 189-199.

[110] Kristian K. Möller and Halinen A. Business Relationships and Networks: Managerial Challenge of Network Era [J]. Industrial Marketing Management, 1999, 28 (5): 413-427.

[111] Lane C. 供应商网络中的组织学习[A].// [德] 迈诺尔夫·迪尔克斯等. 组织学习和知识创新[M].上海社会科学院知识与信

息课题组译．上海：上海人民出版社，2001：541-553.

[112] Lane P J and Lubatkin M. Relative absorptive capacity and interorganizational learning[J].Strategic Management Journal, 1998, 19 (5): 461-477.

[113] Larose R and Eastin M S. A Social Cognitive Theory of Internet Uses and Gratifications: Toward a New Model of Media Attendance[J]. Journal of Broadcasting & Electronic Media, 2004, 48 (3): 1-36.

[114] Lawrence P R and Lorsh J W. Organisation and Envionment [M].Boston: Harvard University Press, 1967.

[115] Lee S. How Financial Slack Affects Firm Performance: Evidence from US Indus trial Firms [J]. Journal of Economic Research, 2011, 16 (1), 1-27.

[116] Lehrer C, Wieneke A, Vom Brocke J A N, et al. How big data analytics enables service innovation: materiality, affordance, and the individualization of service[J].Journal of Management Information Systems, 2018, 35 (2): 424-460.

[117] Leong C T and Rasli A. The Relationship between Innovative Work Behavioron Work Role Performance: An Empirical Study [J]. Procedia-Social and Behavioral Sciences, 2014, 192 (4): 592-600.

[118] Levinthal C D A. Technology, Organizations, and Innovation Absorptive Capacity: A New Perspective on Learning and Innovation[J].Administrative Science Quarterly, 1990, 35 (1): 128-152.

[119] Li J and Lee R P. Can knowledge transfer within MNCs hurt subsidiary performance? The role of subsidiary entrepreneurial culture and capabilities[J].Journal of World Business, 2015, 50 (4): 663-673.

[120] Li X and Zheng Y. The influential factors of employees' innova-

tive behavior and the management advices[J].Journal of Service Science and Management, 2014, 7 (6): 446.

[121] Li Y Q and Liu C H. The power of coworkers in service innovation: the moderatingrole of social interaction[J].The International Journal of Human Resource Management, 2019, 30 (12): 1956-1976.

[122] Lightfoot H and Gebauer H. Exploring the alignment between service strategy and service innovation [J]. Journal of Service Management, 2011, 22 (5): 664-683.

[123] Lukes M and Stephan U. Measuring employee innovation: a review of existing scales and the development of the innovative behavior and innovation support inventories across cultures[J].International Journal of Entrepreneurial Behaviorand Research, 2017, 23 (1): 136-158.

[124] Malone J W. Shining a New Light on Organizational Change: Improving Self-Efficacy through Coaching[J].Organization Development Journal, 2001, 19 (2): 27-36.

[125] March J G, Simon H A, Guetzkow H . Organizations[J].Social Science Electronic Publishing, 1959, 3 (4): 105-132.

[126] March J G. Exploration and Exploitation in Organizational Learning[J].Organization Science, 1991, 2 (1): 71-87.

[127] Martin C Jr and Horne D. Restructuring towards a service orientation: The strategic challenges[J].International Journal of Service Industry Management, 1992, 3 (1): 25-38.

[128] Melton H L and Hartline M D. Customer and frontline employee influence on new service development performance[J].Journal of Service Research, 2010, 13 (4): 411-425.

[129] Mennens K, Van Gils A, Odekerken-Schröder G, et al. Ex-

ploring antecedents of service innovation performance in manufacturing SMEs [J].International Small Business Journal, 2018, 36 (5): 500-520.

[130] Menor L J and Roth A V. New service development competence and performance: an empirical investigation in retail banking[J].Production & Operations Management, 2010, 17 (3): 267-284.

[131] Mention A L. Cooperation andcoopetition as open innovation practices in the service sector: Which influence on innovation novelty? [J].Technovation, 2011, 31 (1): 0-53.

[132] Meznar M B and Nigh D. Buffer or Bridge? Environmental and Organizational Determinants of Public Affairs Activities in American Firms [J].Academy of Management Journal, 1995, 38 (4): 975-996.

[133] Milbratz T C, Gomes G, Carmona L J D M. Influence of learning and service innovationon performance [J]. Innovation & Management Review, 2020, 17 (1): 1-19.

[134] Milliken F J. Three types of perceived uncertainty about the environment: state, effect, and response uncertainty[J].Academy of Management Review, 1987, 12 (1): 133-146.

[135] Minh T T and Hjortsø C N. How Institutions Influence SME Innovation and Networking Practices: The Case of Vietnamese Agribusiness [J].Journal of Small Business Management, 2015, 53 (1): 209-228.

[136] Mohelska H and Sokolova M. Organizational Culture and Leadership Joint Vessels[J].Procedia-Social and Behavioral Sciences, 2015, 171 (1): 1011-1016.

[137] Moller K K and Halinen A. Business relationships and networks: managerial challenge of network era [J]. Industrial Marketing Managem ent, 1999, 28 (5): 413-427.

[138] Möller K K and Halinen A. Business Relationships and Networks: Managerial Challenge of Network Era [J]. Industrial Marketing Management, 1999, 28 (5): 413-427.

[139] Moller K, Rajala R, Westerlund M. Service innovation myopia: A new recipe for client-provider value creation[J].California Management Review, 2008, 50 (3): 31-48.

[140] Molm L D, Takahashi N, Peterson G. Risk and Trust in Social Exchange: An Experimental Test ofa Classical Proposition [J]. American Journal of Sociology, 2000, 105 (5): 1396-1427.

[141] Moore J F. Predators & prey: A new ecology of competition [J].Harvard Business Review, 1993: 75-86.

[142] Moshtari M. Inter-Organizational Fit, Relationship ManagementCapability, and Collaborative Performance within a Humanitarian Setting [J].Production & Operations Management, 2016, 25 (9): 1542-1557.

[143] Nadler D and Tushman M L. Competing by design: the power of organizational architecture[M].New York: Oxford University Press, 1997.

[144] Naranjo-Valencia J C, Daniel Jiménez-Jiménez, Sanz-Valle R, et al. Studying the links between organizational culture, innovation, and performance in Spanish companies [J]. Revista latinoamericana de psicología, 2016, 48 (1): 30-41.

[145] Nijssen E, Hillebrand B, Vermeulen P, Kemp R. Exploring product and service innovation similarities and differences[J].International Journal of Research in Marketing, 2006, 23 (3): 241-251.

[146] Nogueira F and Marques C. Organizational innovation: Research into the information/training paths of decision-makers within hospitals [J].Portuguese Journal of Management Studies, 2008, 13 (2): 237-254.

[147] Nonaka I and Takeuchi H. The knowledge-cre-ating company [M].NewYork: Oxford University Press, 1995.

[148] Nonaka M, Miwa T, Okada N, et al. Multiple isoform of gui nea pig decay-accelerating factor (DAF) generated by alternative splicing [J].Journal of Immunology, 1995, 155 (6): 3037-3048.

[149] Nunnally J C. Psychometric theory: Third Edition [M]. Tata McGraw-Hill Education, 1994.

[150] Organization for Economic Cooperation and Development (OECD). Oslo manual: Guidelines for collecting and interpreting innovation data[R].OECD publishing, 2005.

[151] Ortiz de Guinea A and Raymond L. Improving SMEs' Service Innovation Performance in the Face of Uncertainty Through IT Ambidexterity: A Configurational Approach[C].Proceedings of the 52nd Hawaii International Conference on System Sciences, 2019.

[152] Ostrom A L, Bitner M J, Brown S W, et al. Moving forward and making adifference: Research priorities for the science of service[J]. Journal of Service Research, 2010, 13 (1): 4-36.

[153] Ostrom A, Bitner M J, Brown S, Burkhard K, Goul M, Smith-Daniels V, et al. Moving forward and making a difference: research priorities for the science of service [J]. Journal of Service Research, 2010, 13: 4-36.

[154] Padilha C K and Gomes G. Innovation culture and performance in innovation of products and processes: a study in companies of textile industry [J]. RAI Revista de Administração e Inovação, 2016: 13 (4): 285-294.

[155] Pat H and Dickson K. Mark Weaver, Environmental Determi-

nants and Individual-Level Moderators of Alliance Use[J].Academy of Management Journal, 1997, 40 (2): 404-425.

[156] Pawar K S, Beltagui A, Riedel J C. The PSO triangle: design ing product, service and organization to create value[J].International Journal of Operations & Production Management, 2009, 29 (5): 468-493.

[157] [美] 汤姆·彼得斯，罗伯特·沃特曼. 追求卓越[M].胡玮珊译. 北京：中信出版社，2012.

[158] Phua F T T. Does senior executives′perception of environmental uncertainty affect the strategic functions of construction firms[J].International Journal of Project Management, 2007, 25 (8): 753-761.

[159] Posuwan N. 中泰合资企业中的企业文化差异与融合路径研究[D].山东大学，2019.

[160] Prajogo D I and Oke A. Human capital, service innovation advantage, and business performance: The moderating roles of dynamic and competitive environments[J].International Journal of Operations & Production Management, 2016, 36 (9): 974-994.

[161] Qian C, Cao Q, Takeuchi R. Top Management Team Functional Diversity and Organizational Innovation in China: The Moderating Effects of Environment [J]. Strategic Management Journal, 2013, 34 (1): 110-120.

[162] Ramendra T and Dena H. Service innovation: A comparative study of U. S. and Indianservice firms [J]. Journal of Business Research, 2013, 66 (8): 1108-1123.

[163] Reed K, Doty D H, May D R. The Impact of Aging on Self-efficacy and Computer Skill Acquisition [J]. Journal of Managerial Issues, 2005, 17 (2): 212-228.

[164] Ren F and Zhang J. Job Stressors, Organizational Innovation Climate, and Employees' Innovative Behavior [J]. Creativity Research Journal, 2015, 27 (1): 16-23.

[165] Ren S, Wang L, Yang W, et al. The effect of external network competence and intrafirm networks on a firm's innovation performance: The moderating influence of relational governance [J]. Innovation, 2013, 15 (1): 17-34.

[166] Emerson R M. Social Exchange Theory [J]. Annual Review of Sociology, 1976, 2 (1): 335-362.

[167] Ritter T and Gemünden H G. Network Competence: Its Impact on Innovation Success and Its Antecedents [J]. Journal of Business Research, 2003, 56 (9): 745-755.

[168] Ritter T, Wilkinson I F, Johnston W J. Managing in complex business networks [J]. Industrial marketing management, 2004, 33 (3): 175-183.

[169] Ritter T, Wilkinson I F, Johnston W J. Measuring network competence: some international evidence [J]. Journal of Business & Industrial Marketing, 2002, 17 (2/3): 119-138.

[170] Robert KY. Case Study Research, Design and Methods [M]. California: Newbury Park, 2002.

[171] Salunke S, Weerawardena J, McColl-Kennedy J R. The central role of knowledge integration capability in service innovation-based competitive strategy [J]. Industrial Marketing Management, 2019, 76: 144-156.

[172] Santamaría L, Jesús Nieto M, Miles I. Service innovation in manufacturing firms: Evidence from Spain [J]. Technovation, 2012, 32

(2): 144-155.

[173] Sattayaraksa T and Boon-Itt S. CEO transformational leadership and the new product development process: The mediating roles of organizational learning and innovation culture[J].Leadership & Organization Development Journal, 2016, 37 (6): 730-749.

[174] Schumpeter J A and Nichol A J. Robinson' s Economics of Imperfect Competition [J]. Journal of Political Economy, 1934, 42 (2): 249-259.

[175] Schunk and Dale H. Social-self interaction and achievement behavior[J].Educational Psychologist, 1999, 34 (4): 219-227.

[176] Schunk D H and Zimmerman B J. Social origins of self-regulatory competence [J]. Educational Psychologist, 1997, 32 (4): 195-208.

[177] Scott S G and Bruce R A. Determinants of Innovative Behavior: A Path Model of Individual Innovation in the Workplace[J].Academy of Management Journal, 1994, 37 (3): 580-607.

[178] Selnes F and Sallis J. Promoting Relationship Learning[J]. Journal of Marketing, 2003, 67 (3): 80-95.

[179] Shalley C E and Gilson L L. What leaders need to know: A review of social and contextual factors that can foster or hinder creativity [J].leadership quarterly, 2004, 15 (1): 33-53.

[180] Shipton H, West M, Dawson J, Birdi K, Patterson M. HRM as a predictor of innovation [J]. Human Resource Management Journal, 2006, 16 (1): 3-27.

[181] Sirilli G and Evangelista R. Technological innovation in services and manufacturing: Results from Italian surveys [J]. Research Policy,

1998, 27 (9): 881-889.

[182] Skålén P, Gummerus J, Koskull C V, Magnusson P R. Exploring value propositions and service innovation: A service - dominant logic study[J]. Journal of the Academy of Marketing Science, 2015, 43 (2): 137-158.

[183] Slater S F and Narver J C. Market Orientation and the Learning Organization[J].Journal of Marketing, 1995, 59 (3): 63-74.

[184] Snell S A and Youndt M A. Model of executive controls human resource management andfirm performance: testing a contingency[J].Journal of Management, 1995, 21 (4): 711-737.

[185] Snyder H, Witell L, Gustafsson A, Fombelle P, Kristensson P. Identifying categories of service innovation: a review and synthesis of the literature[J].Journal of Business Research, 2016, 69 (7): 2401-2408.

[186] Stauss B, Den Hertog P, Wietze V D A, et al. Capabilities for managing service innovation: towards a conceptual framework[J].Journal of Service Management, 2010, 21 (4): 490-514.

[187] Storey C and Kelly D. Measuring the Performance of New Service Development Activities[J].The Service Industries Journal, 2001, 21 (2): 71-90.

[188] Storey C and M Hughes. The relative impact of culture, strategic orientation and capability on new service development performance [J].European Journal of Marketing, 2013, 47 (5/6): 833-856.

[189] Storey C, Cankurtaran P, Papastathopoulou P, et al. Success factors for service innovation: A metaanalysis [J]. Journal of Product Innovation Management, 2016, 33 (5): 527-548.

[190] Sundbo J and Gallouj F. Innovation in services [J]. SI4S

Synthesis Papers, 1998, 1-28.

[191] Sundbo J. Management of Innovation in Services[J].Service Industries Journal, 1997, 17 (3): 432-455.

[192] Svetlik I, Stavrou-Costea E, Lin H. Knowledge sharing and firm innovation capability: an empirical study[J]. International Journal of Manpower, 2007, 28 (3/4): 315-332.

[193] Tan J J and Litschert R J. Environment-strategy relationship and its performance implications: An empirical study of the Chinese electronics industry[J].Strategic Management Journal, 1994, 15 (1): 1-20.

[194] Tang J. Competition and innovation behaviour[J]. Research Policy, 2006, 35 (1): 68-82.

[195] Tang T W, Zhang P, Lu Y, et al. The effect of tourism core competence on entrepreneurial orientation and service innovation performance in tourism small and medium enterprises[J].Asia Pacific Journal of Tourism Research, 2020, 25 (2): 89-100.

[196] Thanasopon B, Papadopoulos T, Vidgen R. The role of openness in the fuzzy front-end of service innovation[J]. Technovation, 2016, 47: 32-46.

[197] Thornberry and Dvpgressman Mac. Fostering a Culture of Innovation[C].Proceedings of theUnited States Naval Institute, 2003, 129 (4): 44-48.

[198] Toivonen M and Tuominen T. Emergence of innovations in services[J].The Service Industries Journal, 2009, 29 (7): 887-902.

[199] Tsai M T and Cheng N C. Understanding knowledge sharing between IT professionals-an integration of social cognitive and social exchange theory[J]. Behaviour & Information Technology, 2012, 31 (11):

1069-1080.

[200] Vargo S L and Lusch R F. Evolving to a New Dominant Logic for Marketing[J].Journal of Marketing, 2004, 68 (1): 1-17.

[201] Visnjic I, Wiengarten F, Neely A. Only the brave: Product innovation, service business model innovation, and their impact on performance[J]. Journal of Product Innovation Management, 2016, 33 (1): 36-52.

[202] Voss C A. Measurement of innovation and Design Performance in Service[J].Design Management Journal (Former Series), 1992, 3 (1): 40-46.

[203] Wang C H and Hsu L C. Building exploration and exploitation in the high-tech industry: The role of relationship learning[J].Technological Forecasting & Social Change, 2014, 81: 331-340.

[204] Wang X H, Fang Y, Qureshi I, et al. Understanding employee innovative behavior: Integrating the social network and leader-member exchange perspectives[J].Journal of organizational behavior, 2015, 36 (3): 403-420.

[205] Wiersema M and Bantel K. Top Mmanagement Team Turnover as an Adaptation Mechanism: The Role of the Environment[J].Strategic Management Journal, 1993, 14 (7): 485-504.

[206] Willer D. Network Exchanga Theory[M].westport, CT: Praegr Press, 1999: 23.

[207] Witell L, Snyder H, Gustafsson A, et al. Defining service innovation: A review and synthesis [J]. Journal of Business Research, 2016, 69 (8): 2863-2872.

[208] Wood R and Bandura A. Social cognitive theory of organizational

management [J]. Academy of Management Review, 1989, 14 (3): 361-384.

[209] Xu Q. Market Competition, Business Model Innovation and Enterprise Innovation Performance[C].2019 5th International Conference on Economics, Business, Finance, and Management (ICEBFM 2019), 2019: 622-634.

[210] Yen H R. Quantifying the degree of research collaboration: A comparative study of collaborativemeasures [J]. Journal of Informetrics, 2012, 6 (1): 27-33.

[211] Yoon B, Kim S, Rhee J. An evaluation method for designing a new product-service system[J].Expert Systems with Applications, 2012, 39 (3): 3100-3108.

[212] Yu B, Hao S, David A, et al. Entrepreneurial firms' network competence, technological capability, and new product development performance [J]. Asia Pacific Journal of Management, 2014, 31 (3): 687-704.

[213] Yuan F and Woodman R W. Innovative behavior in the workplace: the role of performance andimage outcome expectations[J].Academy of Management Journal, 2010, 53 (2): 323-342.

[214] Zhang J A, Garrett-Jones S, Szeto R. Innovation capability and market performance: the moderating effect of industry dynamism[J].International Journal of Innovation Management, 2013, 17 (2): 1-35.

[215] [美] 阿尔温·托夫勒. 权力的转移[M].刘江，等译. 北京：中央党校出版社，1991.

[216] 白鸥，魏江，斯碧霞. 关系还是契约：服务创新网络治理和知识获取困境[J].科学学研究，2015 (9)：154-162.

[217] 白元龙，赵仁康. 品牌竞争力视角下扶持中小企业自主品牌成长的政策工具研究[J].南京社会科学，2017（5）：26-32.

[218] 鲍振峰. 布劳的不平衡交换理论对西部地区发展的启示[C].“新一轮西部大开发与贵州社会发展”学术研讨会暨贵州省社会学学会学术年会，2010.

[219] 蔡坚，杜兰英. 协同创新网络嵌入影响企业创新绩效的机制与路径研究——基于知识协同的中介效应[J].工业技术经济，2013，241（11）：3-13.

[220] 曹勇，周蕊，周红枝，等. 资源拼凑、双元学习与企业创新绩效之间的关系研究[J].科学学与科学技术管理，2019，40（6）：94-106.

[221] 曹洲涛，陈瑾淅. 企业文化对员工创新行为的影响[J].价值工程，2012，31（34）：167-169.

[222] 陈彪，卢珊. 环境不确定性与新创企业产品创新战略[J].当代经济研究，2019（5）：64-71.

[223] 陈春花. 企业文化的改造与创新[N].北京大学学报（哲学社会科学版），1999（3）：51-56.

[224] 陈春花. 企业文化管理[M].广州：华南理工大学出版社，2011.

[225] 陈逢文，冯媛. 新创企业社会网络、风险承担与企业绩效——环境不确定性的调节作用[J].研究与发展管理，2019，31（2）：20-33.

[226] 陈国权，马萌. 组织学习——现状与展望[J].中国管理科学，2000，8（1）：66-74.

[227] 陈学光. 网络能力、创新网络及创新绩效关系研究——以浙江高新技术企业为例 [D]. 浙江大学，2007.

[228] 代宝，刘业政. 基于社会认知理论和大五人格模型的SNS用户内容生成行为实证研究[J].现代情报，2015，35（2）：3-7.

[229] 邓昕才，陈三可，马丽. 组织学习能力、新产品开发速度与组织绩效：需求不确定性的调节作用[N].贵州财经大学学报，2017（6）：86-95.

[230] 杜俊枢，彭纪生，涂海银. 开放式情境下创新搜索、网络能力与创新绩效关系研究——来自江浙沪地区制造企业的问卷调查[J].科技进步与对策，2018，35（18）：104-110.

[231] 杜璿，邱国栋. 组织创新氛围对员工创新行为的影响—创新自我效能感和心理涉入的双重中介效应[J].财经论丛，2019，245（4）：92-103.

[232] 杜跃平，王开盛. 创新文化与技术创新[J].中国软科学，2007（2）：150-153.

[233] 范钧，王进伟. 网络能力、隐性知识获取与新创企业成长绩效[J].科学学研究，2011，29（9）：1365-1373.

[234] 方刚. 基于资源观的企业网络能力与创新绩效关系研究[D].浙江大学，2008.

[235] 方阳春. 包容型人力资源管理实践对员工创新行为的影响——基于创新自我效能感的中介作用[J].科研管理，2019，40（12）：312-322.

[236] 费春红. 网络交换论与中国人情分析[D].哈尔滨工程大学，2010.

[237] 奉小斌. 集群新创企业平行搜索对产品创新绩效的影响：管理者解释与竞争强度的联合调节效应[J].研究与发展管理，2016，28（4）：11-21.

[238] 盖卫东. 内部社会资本、知识流动与服务创新绩效——基于

T-KIBS 与 P-KIBS 的对比研究［J］.会计之友，2019，606（6）：127-133.

［239］高孟立.双元学习与服务创新绩效关系的实证研究——组织冗余与战略柔性的调节作用［J］.科技管理研究，2017，37（14）：202-212.

［240］高孟立，范钧.外部创新氛围对服务创新绩效的影响机制研究［J］.科研管理，2018，39（12）：103-112.

［241］高山行，肖振鑫，高宇.企业制度资本对新产品开发的影响研究——市场化程度与竞争强度的调节作用［J］.管理评论，2018，30（9）：110-120.

［242］葛宝山，谭凌峰，生帆，马鸿佳.创新文化、双元学习与动态能力关系研究［J］.科学学研究，2016，34（4）：630-640.

［243］顾远东，彭纪生.组织创新氛围对员工创新行为的影响：创新自我效能感的中介作用［J］.南开管理评论，2010，13（1）：30-41.

［244］郭克锋.区域品牌可持续发展能力的评价研究——以菏泽牡丹为例［J］.中国商贸，2015（1）：107-110.

［245］郭文钰，杨建君.企业关系对企业绩效的影响研究资源冗余与环境不确定性的调节效应［J］.科学学与科学技术管理，2020，1-17.

［246］何含兵，罗长坤，孙兆林，等.医院科技创新文化、组织学习与科技创新绩效的关系研究［J］.研究与发展管理，2010，22（3）：112-118.

［247］何会文，许欣，徐虹.互动导向对服务创新绩效的影响机制——一项 B2B 服务情境下的实证研究［J］.商业研究，2019，502（2）：7-15.

［248］何建洪，贺昌政，罗华.创新型企业的形成：基于网络能力与战略创新导向影响的研究［J］.中国软科学，2015（2）：127-137.

[249] 何亚琼，葛中锋，苏竣. 区域创新网络中组织间学习机制研究[J].学术交流，2006（2）：63-68.

[250] 贺志武，雷云，陆迁. 技术不确定性、社会网络对农户节水灌溉技术采用的影响——以甘肃省张掖市为例[J].干旱区资源与环境，2018，32（5）：59-63.

[251] 黄容生. 企业文化与企业绩效相关性实证分析[J].科技资讯，2010（4）：153+155.

[252] 黄训江. 竞争促进创新了吗？——基于我国通信设备制造业的四维度分析[J].产经评论，2017（2）：108-121.

[253] 黄致凯. 组织创新气候知觉、个人创新行为、自我效能知觉与问题解决型态关系之研究——以银行业为研究对象[D].中山大学（台湾）人力资源管理研究所，2004.

[254] 贾建锋，闫佳祺，王男. 高管胜任特征与企业文化的匹配对企业绩效的影响[J].管理评论，2016，28（7）：188-199.

[255] 贾璐珽. 外资企业内部创新网络与创新绩效的关系研究[D].西北大学，2018.

[256] 简兆权，陈键宏，郑雪云. 网络能力、关系学习对服务创新绩效的影响研究[J].管理工程学报，2014（3）：96-104.

[257] 简兆权，黄如意，王晨. 市场导向、组织学习与服务创新绩效关系的实证研究[J].科技管理研究，2018，（5）：142-151.

[258] 简兆权，刘念. 动态能力构建机理与服务创新绩效——基于佛朗斯的服务平台转型研究[J].科学学与科学技术管理，2019，40（12）：84-101.

[259] 简兆权，柳仪. 关系嵌入性、网络能力与服务创新绩效关系的实证研究[J].软科学，2015，29（5）：1-5.

[260] 姜铸，李宁. 服务创新、制造业服务化对企业绩效的影响

[J].科研管理，2015，36（5）：29-37.

[261] 蒋军锋，韩明君，程小燕. 战略导向转换与创新过程整合关系的研究进展[J].科研管理，2015，36（01）：43-53.

[262] 蒋楠，赵嵩正，吴楠. 服务型制造企业服务提供、知识共创与服务创新绩效[J].科研管理，2016，37（6）：57-64.

[263] 蒋青云. 营销渠道理论的“学习范式”研究[D].复旦大学，2007.

[264] 焦豪，周江华，谢振东. 创业导向与组织绩效间关系的实证研究——基于环境动态性的调节效应[J].科学学与科学技术管理，2007（11）：70-76.

[265] 金吾伦. 创新文化：意义与中国特色[J].学术研究，2006（6）：5-10.

[266] 亢秀秋，沈颂东，房建奇. 探索式与利用式创新研究的热点与前沿——可视化研究[J].技术经济，2019，38（1）：66-83.

[267] 赖然. 服务企业的服务创新管理机制研究[D].东华大学，2014.

[268] 李柏洲，夏文飞. 知识属性、技术创新能力与企业创新绩效关系的实证研究——基于环境动态性的调节效应[J].预测，2019，38（6）：17-23.

[269] 李春燕. 民营矿业企业文化构建研究[D].昆明理工大学，2016.

[270] 李东红，李蕾. 服务创新与制造业厂商可塑的核也能力[J].首都经济贸易大学学报，2003（3）：30-34.

[271] 李纲，陈静静，杨雪.网络能力、知识获取与企业服务创新绩效的关系研究——网络规模的调节作用[J].管理评论，2017，29（2）：59-68.

[272] 李国强，孙遇春，胡文安，等. 企业网络能力对双元创新的影响机制——企业间网络位置跃迁视角[J].科技进步与对策，2019，36(13)：81-88.

[273] 李辉. 组织学习能力、开放式创新与创新绩效的转化机制研究[J].北京交通大学学报（社会科学版），2019，18（2）：89-97.

[274] 李佳宾，汤淑琴. 新企业知识共享、员工创新行为与创新绩效关系研究[J].社会科学战线，2017（9）：246-250.

[275] 李莉. 员工创新行为的作用机制研究——基于创新文化视角[J].品牌研究，2018（3）：37-38.

[276] 李妹，高山行. 环境不确定性、组织冗余与原始性创新的关系研究[J].管理评论，2014，26（1）：47-56.

[277] 李荣. 创新文化、期权激励与企业研发投资[D].山东大学，2017.

[278] 李随成，李勃张，延涛. 供应商创新性、网络能力对制造企业产品创新的影响——供应商网络结构的调节作用[J].科研管理，2013，34（11）：103-113.

[279] 李伟，梅继霞. 领导授权赋能对员工创新行为影响研究——一个有调节的中介模型[J].软科学，2018，32（12）：79-83.

[280] 李文亮，赵息. 外部学习、环境不确定性与突破性创新的关系研究[J].研究与发展管理，2016，28（2）：92-101.

[281] 李小兵. 领导—成员交换关系对员工创造力的影响机制研究[D].山西财经大学，2015.

[282] 李炎炎，高山行，高宇. 战略导向对技术创新影响的异质性讨论——竞争程度的调节作用[J].科学学研究，2016，34（8）：1255-1262.

[283] 李艳春，刘军. 网络交换中的权力：三维研究架构[J].东南

学术，2015（2）：48-55.

［284］李忆，吴梳梅. 差错管理气氛对员工创新行为的影响—家长式领导的调节作用[J].科技管理研究，2019，39（3）：149-158.

［285］李瑛. 中小型制造企业内部薪酬公平对技术创新绩效的影响研究——以企业内环境为调节变量[J].中国林业经济，2019（1）：47-51.

［286］李渊，曲世友，徐峰. 变革型领导力与员工创新行为模式：基于促进定向的中介作用[J].中国软科学，2019（7）：125-133.

［287］李垣，陈浩然，赵文红. 组织间学习、控制方式与自主创新关系研究——基于两种技术差异情景的比较分析[J].科学学研究，2008，26（1）：199-204.

［288］李召敏，赵曙明. 环境不确定性、任务导向型战略领导行为与组织绩效[J].科学学与科学技术管理，2016，37（2）：136-148.

［289］李贞，杨洪涛. 吸收能力、关系学习及知识整合对企业创新绩效的影响研究——来自科技型中小企业的实证研究[J].科研管理，2012（1）：79-89.

［290］梁冰倩，顾琴轩. 创新型文化感知对内在动机与创造力的影响——基于绩效目标导向视角[J].上海管理科学，2016，38（3）：89-96.

［291］刘冰. 冗余资源流动性与企业绩效——一项基于旅游及相关服务业企业的实证研究[J].旅游科学，2015，29（3）：69-79.

［292］刘方润亚. 环境动态性下网络能力对煤炭企业创新的影响作用实证研究[J].煤炭工程，2019，51（6）：176-180.

［293］刘光明. 企业文化[M].5版. 北京：经济管理出版社，2008.

［294］刘焕荣，翟秀玲，刘惠萍. 创新文化与现代企业技术创新[J].开发研究，2001（3）：25-27.

［295］刘军，David Willer，Pamela Emanuelson. 网络结构与权力分配：要素论的解释[J].社会学研究，2011（2）：134-166.

［296］刘军，郭莉娜. 关系对联盟的影响——基于网络交换论的实验研究[J].社会学研究，2013，28（6）：95-119.

［297］刘璞，李晗，周平. 电子商务投资与企业绩效——基于客户关系管理的视角[J].河北经贸大学学报，2019，40（6）：90-100.

［298］刘瑞琴. 职业使命感影响企业员工创新行为的机制研究[D].郑州航空工业管理学院，2019.

［299］刘顺忠. 组织学习能力对新服务开发绩效的影响机制研究[J].科学学研究，2009，27（3）：411-417.

［300］刘娴，徐飞，宋波. 不确定环境下分配公平与信任对战略联盟绩效的影响[J].工业工程与管理，2013，18（4）：64-71.

［301］刘小平. 员工组织承诺的形成过程：内部机制和外部影响——基于社会交换理论的实证研究[J].管理世界，2011（11）：92-104.

［302］卢美月. 试论文化和企业文化在跨国经营中的影响与作用[C].世界经济研究2002年特刊，世界管理论坛委员会，2002.

［303］卢泽旋. 顾客参与对服务创新绩效影响研究[D].暨南大学，2015.

［304］鲁若愚. 多主体参与的服务创新[M].北京：科学出版社，2010.

［305］鲁现，高强. 创新、服务质量与绩效：B2C电子商务业实证研究[J].科学学研究，2009（7）：1110-1120.

［306］罗佳琦. 休闲资源分配中的利益平衡——评彼德·布劳的《社会生活中的交换与权力》[J].求索，2013（11）：266-266.

［307］马鸿佳，董保宝，常冠群. 网络能力与创业能力——基于东

北地区新创企业的实证研究[J].科学学研究，2010，28（7）：1008-1114.

[308] 马柯航. 虚拟整合网络能力对创新绩效的作用机制研究——知识资源获取的中介作用[J].科研管理，2015，36（8）：60-67.

[309] 马毓姮. 商业银行服务创新对银行绩效影响的实证研究[J].中小企业管理与科技（下旬刊），2018（10）：62-63.

[310] 倪渊. 核心企业网络能力与集群协同创新：一个具有中介的双调节效应模型[J].管理评论，2019，31（12）：85-99.

[311] 欧阳雪倩. 企业文化对创新绩效的影响[D].贵州大学，2018.

[312] 潘琼，叶展慧，王晓玉. 产业集群网络对企业品牌绩效的影响机制研究[J].科技管理研究，2015（11）：134-138.

[313] 裴旭东，李随成，黄聿舟. 模糊前端参与对突破性创新的影响研究[J].科学学研究，2015（3）：460-470.

[314] 彭灿，奚雷，张学伟. 高度动态与竞争环境下突破性创新对企业持续竞争优势的影响研究[J].科技管理研究，2018，38（24）：17-24.

[315] 彭正龙，何培旭，李泽. 战略导向、双元营销活动与服务企业绩效：市场竞争强度的调节作用[J].经济管理，2015（6）：75-86.

[316] 钱士茹，丁明明，孔苓，等. 领导—部属交换、内部人身份认知与员工建言——以组织身份吸引力为调节的实证研究[J].科学决策，2015（4）：6-25.

[317] 瞿孙平，石宏伟，俞林，倪卫涛，于云波. 知识搜索、吸收能力与企业创新绩效——环境不确定性的调节作用[J].情报杂志，2016，35（8）：185-191.

[318] 曲霏，侯治平，张慧颖. 关系型虚拟社区用户体验与持续使用行为研究—特殊信任的调节作用[J].图书馆，2019（11）：71-78.

［319］ 尚林. B2B 客户推荐意愿影响因素研究——基于关系营销理念和社会交换理论[J].理论与改革，2015（4）：102-106.

［320］ 沈占波. 组织学习视角下的企业动态能力培育策略[J].科技进步与对策，2010（9）：128-132.

［321］ 盛小平，完颜邓邓. 网络交换理论视角下的开放获取连接行为分析[J].图书馆，2014（4）：28-36.

［322］ 史继才. 企业创新文化研究与应对[J].内燃机与配件，2017（17）：107-108.

［323］ 水常青，许庆瑞. 企业创新文化理论研究述评[J].科学与科学技术管理，2005，26（3）：138-142.

［324］ 宋春华，马鸿佳，马楠. 关系学习、双元创新与企业绩效关系研究[J].外国经济与管理，2017，39（9）：32-46.

［325］ 宋晶，陈菊红，孙永磊. 网络能力与合作创新绩效的关系研究——文化异质性的作用[J].管理评论，2015（2）：35-42+119.

［326］ 宋培林. 论企业创新文化——兼析我国企业创新文化的营造[J].当代经济科学，2000，22（5）：60-64.

［327］ 孙爱英，李垣，任峰. 企业文化与组合创新的关系研究[J].科研管理，2006（2）：15-21.

［328］ 孙冰，沈瑞，徐顽强，等. 行业竞争强度对创新扩散效率的影响——知识吸收能力的中介作用[J].科技进步与对策，2017（1）：59-65.

［329］ 孙冰，沈瑞. 行业竞争强度对创新扩散效率的影响——知识吸收能力的中介作用[J].科技进步与对策，2017，34（1）：59-65.

［330］ 孙建国，李晓轩，王敬泽. 中国科学院创新文化建设特征规律研究[J].科研管理，2005（6）：32-41.

［331］ 孙林杰. 企业文化对技术创新的推动作用[J].科学学研

究，2004（6）：652-657.

［332］孙乃娟，郭国庆. 顾客承诺、自我提升与顾客公民行为：社会交换理论视角下的驱动机制与调节作用［J］.管理评论，2016，28（12）：187-197.

［333］孙庆民. 认知倾向的社会交换理论［J］.国外社会科学，2009（2）：26-33.

［334］孙文清. 基于服务创新四维度模型的拓展研究［J］.科学管理研究，2016，34（2）：13-16.

［335］孙颖. 低信任下企业网络能力对服务创新绩效的影响研究［D］.天津大学，2010.

［336］孙永磊，宋晶，陈劲. 企业家社会网络对商业模式创新的影响研究——竞争强度的调节作用［J］.管理评论，2019，31（7）：286-293+304.

［337］覃世利，张洁，杨刚，刘亚. 基于“双螺旋”的企业创新文化基因模型构建［J］.科技进步与对策，2019，36（2）：96-101.

［338］唐朝永，陈万明. 突破性创新与既有企业战略变革：组织衰落及冗余资源的作用［J］.科技进步与对策，2018，35（18）：91-97.

［339］陶晓波，沈晓岭. 市场学习能力、技术复杂性与新产品开发绩效关系研究［J］.科技进步与对策，2018，35（15）：16-22.

［340］田雪，牛鹏飞，李晓义，司维鹏. 物流企业社会资本与服务创新类型及服务创新绩效的关系研究［J］.科技管理研究，2017，37（24）：153-158.

［341］田雪莹. 冗余资源、慈善行为与企业绩效关系研究［J］.重庆大学学报（社会科学版），2015，21（4）：93-102.

［342］屠兴勇，王泽英，张琪，等. 基于动态环境的网络能力与渐进式创新绩效：知识资源获取的中介作用［J］.管理工程学报，2019，33

(2): 42-49.

[343] 万伦来，吴少卿. 组织冗余对企业创新绩效的影响研究——基于战略性新兴产业上市公司的面板数据分析[J].财会通讯，2016(11): 29-33.

[344] 王保利，杨欣. 制造企业服务增强对技术创新及企业绩效的影响[J].科技进步与对策，2020，1-8.

[345] 王炳成，王森，周晓倩. 家电业产品创新源泉的实证研究——以企业文化为调节变量[J].经济经纬，2016，33 (5): 108-113.

[346] 王栋，陈永广. 控制机制对企业获取创新绩效的影响研究[J].科学学研究，2010，28 (8): 1266-1272.

[347] 王飞绒，方艳军. 基于组织学习的组织文化与技术创新绩效关系的实证研究[J].研究与发展管理，2013，25 (1): 36-43.

[348] 王弘钰，万鹏宇. 效能视角下共享型领导、越轨创新对创新绩效的影响[J].现代财经（天津财经大学学报），2020，40 (1): 84-97.

[349] 王婧. 创新文化对组织绩效的影响研究——以组织学习为中介变量[D].内蒙古财经大学，2018.

[350] 王君正和吴贵生. 基于服务创新四维度模型的我国旅游企业创新模式分析——以云南旅游业为例[J].商业研究，2007 (8): 1-6.

[351] 王凯，武立东. 环境不确定性与企业创新——企业集团的缓冲作用[J].科技管理研究，2016，36 (10): 191-196.

[352] 王丽平，赵飞跃. 组织忘记、关系学习、企业开放度与商业模式创新[J].科研管理，2016，37 (3): 42-50.

[353] 王曼. 企业创新文化建设[M].北京：化学工业出版社，2010.

[354] 王倩，彭翀，屈宁，姜洋. 中国上市林业公司冗余资源与业

务多元化关系实证研究[J].中国林业经济，2020（1）：114-116.

[355] 王闪闪. 企业文化对企业绩效的作用机理研究[D].郑州大学，2013.

[356] 王晓艳，高良谋. 用户创新期望对员工创新行为的影响——一个有调节的中介模型构建与检验[J].经济管理，2020，42（1）：93-108.

[357] 王益谊，席酉民，毕鹏程. 组织环境的不确定性研究综述[J].管理工程学报，2005，19（1）：46-50.

[358] 王永贵，刘菲. 网络中心性对企业绩效的影响研究——创新关联、政治关联和技术不确定性的调节效应[J].经济与管理研究，2019（5）：113-127.

[359] 王永贵，刘菲. 信任有助于提升创新绩效吗？——基于 B2B 背景的理论探讨与实证分析[J].中国工业经济，2019（12）：152-170.

[360] 王玉，邓艳宾. 企业关系管理能力、网络中心度和探索式合作创新——基于长三角高新技术企业数据的分析[J].商业研究，2017，59（3）：102-109.

[361] 王玉，张磊. 网络关系构建对企业创新绩效的影响：吸收能力和组织学习方式的调节作用[J].贵州财经大学学报，2018，197（6）：56-65.

[362] 韦春北. 网络能力对企业竞争力的影响研究[D].武汉理工大学，2010.

[363] 魏泽龙，宋茜. 整体认知框架能促进企业创新绩效吗——制度、竞争与技术环境的调节作用[J].科学与管理，2018，38（4）：1-9.

[364] 吴爱华，苏敬勤. 专用性视角下创新型文化、创新能力与绩效[J].科研管理，2014，35（6）：47-55.

[365] 吴航，陈劲. 企业实施国际化双元战略的创新效应——以竞

争强度为调节[J].科学学研究，2018，36（2）：334-341.

[366] 吴晓波，丁婉玲，高钰. 企业能力、竞争强度与对外直接投资动机——基于重庆摩托车企业的多案例研究[J].南开管理评论，2010，13（6）：68-76.

[367] 肖皓文. 基于社会认知理论的接包方参与众包的影响因素研究[D].北方工业大学，2017.

[368] 邢小强，仝允桓. 网络能力：概念、结构与影响因素分析[J].科学学研究（增刊），2006，24（12）：558-563.

[369] 徐冬冬. 高科技企业员工创新能力与创新绩效的关系——基于创新氛围的视角[J].湖北民族学院学报（哲学社会科学版），2014，32（4）：64-67.

[370] 徐金发，许强，王勇. 企业的网络能力剖析[J].外国经济与管理，2001（11）：21-25.

[371] 徐云莲. 关系学习对渠道绩效的影响机制研究：基于“学习范式”理论[D].复旦大学，2007.

[372] 许庆瑞，贾福辉，谢章澍，郑刚. 创新型文化的构建要素研究[J].科学学研究，2004（4）：426-431.

[373] 许苏明. 论社会交换行为的类型及其制约因素[J].南京大学学报（哲学. 人文科学. 社会科学版），2000（3）：141-150.

[374] 杨德祥，侯艳君，张惠琴. 社会资本对企业员工创新行为的影响——知识共享和信任的中介效应[J].科技进步与对策，2017，34（20）：139-146.

[375] 杨刚，谢懿，宋建敏. 网络能力、知识整合与商业模式创新：创业者过度自信的调节作用[J].科技进步与对策，2020，1-10.

[376] 杨刚，谢懿. 中国情境下的创新文化研究：回顾、趋势与展望——基于 CiteSpace 的文献计量分析[J].贵州大学学报（社会科学

版)，2019，37（4）：128-137.

［377］杨慧军，杨建君．交易型领导、竞争强度、技术创新选择与企业绩效的关系研究[J].管理科学，2015（4）：1-10.

［378］杨皎平，刘丽颖，牛似虎．集群企业竞争强度与创新绩效关系的理论与实证——基于集群企业同质化程度的视角[J].软科学，2012，26（4）：23-27+47.

［379］杨晶照，杨东涛，孙倩景．组织文化类型对员工创新行为的作用机理研究[J].科研管理，2012，33（9）：123-129+153.

［380］杨品荷．从交换论视角探究社会生活的交往原则[J].社会人文，2011（8）：202-203.

［381］杨曦东．战略导向，组织学习对产品创新的影响研究[J].管理评论，2010，22（4）：47-55.

［382］杨艳杰，褚海云．基于社会交换理论视角下的医患信任关系建设研究[J].中国社会心理学评论，2017（2）：84-92.

［383］杨艳玲，田宇．基于互动导向的主动改善对服务创新绩效的影响研究[J].管理学报，2015，12（9）：1385-1393.

［384］杨洋，耿洁，刘振华．制造企业服务创新对企业绩效的作用机制[J].系统工程，2015，33（6）：49-56.

［385］杨智，邓炼金，方二．市场导向、战略柔性与企业绩效：环境不确定性的调节效应[J].中国软科学，2010，9：130-139.

［386］弋亚群，刘怡，谷盟．互联网情境下企业冗余资源与新产品开发的关系[J].西安交通大学学报（社会科学版），2018，38（3）：70-77.

［387］殷俊杰．企业联盟组合管理能力对合作创新绩效的影响机制研究[D].电子科技大学，2018.

［388］于海波，方俐洛，凌文辁．组织学习整合理论模型[J].心理

科学进展，2004，12（2）：246-255.

［389］于海云，向娇娇．创造性人格对员工创新行为的影响[J].技术经济，2019，38（2）：72-80.

［390］袁建国，程晨，后青松．环境不确定性与企业技术创新——基于中国上市公司的实证研究[J].管理评论，2015，27（10）：60-69.

［391］韵江．开放度与网络能力对创新绩效的交互影响研究[J].科研管理，2012，33（7）：8-15.

［392］詹志方．渠道网络嵌入性对合作创新绩效的作用机制——以关系学习、双元能力为中介变量[J].经济经纬，2018，35（1）：115-121.

［393］张宝建，孙国强，裴梦丹，等．网络能力、网络结构与创业绩效——基于中国孵化产业的实证研究[J].南开管理评论，2015，18（2）：41-52.

［394］张春阳，徐岩，丁堃．关系学习研究述评与展望[J].经济管理，2019，41（3）：193-208.

［395］张德，王玉芹．组织文化类型与组织绩效关系研究[J].科学学与科学技术管理，2007，28（7）：146-151.

［396］张峰．新产品研发、顾客关系管理与供应链管理能力的交互效应[J].管理工程学报，2016（3）：44-53.

［397］张继亮．社会资本与企业竞争优势的创造[J].会计之友，2014（20）：15-18.

［398］张江峰．企业组织惯性的形成及其对绩效的作用机制研究[D].西南财经大学，2010.

［399］张杰，郑文平，翟福昕．竞争如何影响创新：中国情景的新检验[J].中国工业经济，2014（11）：56-68.

［400］张克英，吴晓曼，李仰东．顾企互动对服务创新及企业绩效

的影响研究[J].科研管理，2018，39（11）：69-78.

[401] 张丽英. 变革型领导和组织公民行为对创新绩效的影响[J].经营与管理，2011，(5)：78-80.

[402] 张炜，高静，黄学讯. 创新文化及其作用机制的研究述评[J].科技管理研究，2010（11）：7-9.

[403] 赵红，杨震宁. 环境不确定性、研发管理与技术创新绩效间关系的实证分析[J].技术经济，2017，36（8）：9-17.

[404] 赵武，刘伟. 服务企业关系管理对服务创新绩效的影响研究[J].软科学，2019，33（01）：72-75.

[405] 赵亚普，张文红，陈斯蕾. 动态环境下组织冗余对企业探索的影响研究[J].科研管理，2014，35（2）：10-16.

[406] 赵亚普，李立. 开放情境下组织冗余对企业创新的影响研究[J].科学学与科学技术管理，2015（7）：86-94.

[407] 赵颖斯. 创新网络中企业网络能力、网络位置与创新绩效的相关性研究[D].北京交通大学，2014.

[408] 赵玉清. 企业文化与企业管理的结合探析[J].中国商论，2019（4）：142-143.

[409] 赵云云. 对布劳交换理论的解读与新探索[J].山西师大学报（社会科学版），2012，39（3）：10-13.

[410] 郑建君，金盛华，马国义. 组织创新气氛的测量及其在员工创新能力与创新绩效关系中的调节效应[N].心理学报，2009，41（12）：1203-1214.

[411] 仲亚松. 培育军事创新文化助推人才能力转型[C].中国人才研究会人才学专业委员会会员代表大会暨学术研讨会，2015.

[412] 周江华，刘宏程，仝允桓. 企业网络能力影响创新绩效的路径分析[J].科研管理，2013，34（6）：58-67.

［413］周霞. 冗余资源与技术创新关系综述［J］.人力资源管理，2017（11）：442-443.

［414］朱兵，王文平，王为东，张廷龙. 企业文化、组织学习对创新绩效的影响［J］.软科学，2010，24（1）：65-69+74.

［415］朱阁，马龙，Sunanda S 等. 基于社会认知理论的消费者采用模型与实证研究［J］.南开管理评论，2010（3）：14-23.

［416］朱苏丽，龙立荣. 组织文化导向对研发人员创新行为影响的实证研究——以积极情感为中介变量［J］.科技进步与对策，2010，27（18）：141-144.

［417］许婷，杨建君. 股权激励、高管创新动力与创新能力——企业文化的调节作用［J］.经济管理，2017，39（104）：51-64.

术语索语

X

Y

Z